LA DESCOLONIZACIÓN
DE LA SEXUALIDAD
EN TRES AUTORES CHICANOS

BEATRIZ JIMÉNEZ VILLANUEVA

BIBLIOTECA BENJAMIN FRANKLIN

ÍNDICE

Introducción

INTRODUCCIÓN

Este proyecto pone en conversación diferentes corrientes teóricas con la literatura chicana para desarticular algunos patrones sociales que contribuyen a la jerarquización de los sujetos según su orientación sexual. A partir de la corriente posestructuralista podemos entender la composición y jerarquía social que se ha establecido dentro de las sociedades eurocentristas en torno al concepto de homosexualidad. A través del análisis de su implantación en el continente americano, podemos incorporar el discurso descolonizador para negociar dichas estructuras y contribuir así a la teoría postcolonial. Parte de este discurso lo podemos encontrar en las obras de autores chicanos. Nuestro análisis aquí parte de una doble técnica de descolonización. La primera técnica de descolonización se basa en la recuperación de tradiciones indígenas y conceptos de homosexualidad previos al hecho histórico de la Conquista que se mantienen hoy en día en varias sociedades nativo-americanas y que se reflejan en varias obras literarias chicanas. Esta recuperación no es un intento de regresar al pasado, sino que ofrece más bien una reflexión de cómo una organización social más inclusiva es posible, para así negociar la organización establecida. La segunda técnica descolonizadora se fundamenta en la renegociación de cómo se organiza el espacio según la sexualidad de los individuos que lo ocupan. A través de estas dos técnicas de descolonización de la sexualidad tenemos dos claros ejemplos de cómo se cuestiona la jerarquía social en torno a la sexualidad en la literatura chicana para convenir la inclusión de identidades sexuales tradicionalmente marginadas. De esta manera, las obras aquí analizadas son ejemplos del concepto denominado *desidentificación* (Muñoz), donde las identidades marginales negocian su identidad dentro de una sociedad homofóbica heredera del proceso colonial. Al igual que estas dos técnicas, hay otros factores que afectan a la identidad homosexual que pueden y deben de ser analizados con una perspectiva descolonizadora en el futuro.

En cuanto a las obras literarias que aquí nos ocupan, la academia ha dedicado gran parte de su atención a las producciones de Gloria Anzaldúa y Cherríe Moraga. En el caso de John Rechy, el temprano autor chicano fue durante años ignorado por los críticos de esta literatura, pero un incipiente interés por su obra nos lleva a incluirlo en el actual corpus de literatura chicana. La mayoría de las obras de análisis en torno a estos autores se enfocan en la intersección que surge entre género, raza y sexualidad al construir la identidad del sujeto. Desde la misma obra crítica de Anzaldúa y Moraga, pasando por los análisis de Ana Louise Keating y Gloria González-López, Yvonne Yarbro-Bejarano, David William Foster, José Esteban Muñoz, así como las autoras relacionadas con el movimiento feminista del "tercer mundo", el análisis principal de estas obras chicanas se ha encaminado a estudiar dicho eje identitario. Es importante aclarar que, en este estudio, a pesar de que tanto el género como la raza son elementos constituyentes de la identidad que exploran estos autores, no son el objeto de nuestro análisis. Este proyecto pretende enfocarse únicamente en el concepto de homosexualidad y en la descolonización del mismo.

Con esta nueva lectura, este libro pretende aportar un mayor entendimiento de los manuscritos de Anzaldúa, Moraga y Rechy, analizando la forma en la que explotan su homosexualidad para descolonizar la heteronormatividad de la sociedad contemporánea. Adoptar un acercamiento descolonizador y deconstructivista nos permite desafiar los patrones de pensamiento que han dominado la organización social de los últimos años, y junto con otras producciones culturales, cambiar la connotación negativa de la homosexualidad que ha perdurado hasta la sociedad actual.

De acuerdo con varios teóricos (Aldama y Quiñónez; E. Pérez, etc.) la descolonización es una herramienta que nos permite desarticular los sistemas de pensamiento establecidos en América durante la época colonial. Estos sistemas de pensamiento se caracterizan por la represión y la jerarquización de los sujetos, creando identidades marginales que deben renegociar su espacio en la sociedad actual. Este concepto surge dentro de la corriente postcolonial para referirse a una postura y una operación cultural destinada a revelar y reorganizar situaciones institucionales y culturales afectadas por el eurocentrismo y sus mecanismos de subordinación y poder. La organización y establecimiento de estos mecanismos es analizado a partir del estructuralismo (Foucault; Butler). De esta manera se ha desarrollado un marco teórico que explica el proceso de creación de dichos sistemas opresivos, así como la existencia de varias alternativas más inclusivas.

En la introducción de su libro *Decolonial Imaginary: Writing Chicanas into history* (1999) Emma Pérez define el proyecto de su trabajo como un intento de deconstruir el imaginario creado en torno a la mujer chicana (Pérez XV). Con este propósito, y utilizando como base el concepto de arqueología del conocimiento de Michel Foucault, analiza el proceso que ha dado forma a la historiografía de la mujer chicana. Ambos teóricos concuerdan en que el discurso dominante en la materia de historia está inscrito en una jerarquía de poder en la que el hombre blanco es el que determina de quién es la historia que se escribe y cómo ha de hacerse. Es así como la historia de la colonización ha venido determinada por la construcción literaria europea, que a su vez ha sido determinante a la hora de diseñar el concepto de homosexualidad latente en ambos continentes.

La labor de evangelización llevada a cabo durante la invasión colonial supuso en ciertas culturas nativo-americanas, la imposición de la vergüenza hacia la sexualidad humana y el castigo para las conductas no heterosexuales. Varios estudios antropológicos han demostrado que la diversidad en las prácticas sexuales no es un fenómeno moderno, sino que ha estado presente a lo largo de toda la historia en diferentes lugares y épocas (Schmidt y Voss; Foucault). De la misma manera se han rastreado conductas no heterosexuales en el continente americano antes de la llegada de los colonizadores europeos y de su proyecto cristiano (Lang, Various kind). Dicho proceso de evangelización del continente americano da comienzo a la implantación de un concepto de sexualidad que se mantiene hasta hoy en día. Este concepto se basa en la diferenciación de cuerpos masculinos y femeninos y la naturalización de la relación entre: cuerpo, género específico (hombre, mujer), deseo y prácticas sexuales (Butler). Todo esto se traduce con el tiempo en la naturalización de la sexualidad hetero, o como define Michael Warner, en una heteronormatividad que excluye del imaginario social las prácticas homosexuales. Partiendo de esta base, este proyecto es un esfuerzo consciente de remodelar y renegociar el eurocentrismo, incluyendo las experiencias no solamente homosexuales, sino también *queer,* que han quedado fuera del discurso oficial. Con este análisis quedará en evidencia que el concepto de sexualidad está fuertemente influenciado por la herencia de un imaginario colonial, que se reproduce constantemente en nuestra sociedad y, más en concreto, dentro de la cultura chicana.

Por último, nos queda mencionar que pese a que la identidad homosexualidad en la literatura chicana ha sido explorada desde diferentes perspectivas y teorías (Sandy Soto, José E. Muñoz, Richard Rodríguez, Gloria Anzaldúa, entre otros) este es un tema que no se ha tratado desde un acercamiento descolonial. Por este motivo pretendemos analizar a través de este enfoque las obras de una serie de autores chicanos que tratan "sexualidades marginales" (Muñoz) de diferentes maneras, pero que no han sido examinadas desde esta perspectiva hasta el momento. Para ello estudiaremos la descolonización de la sexualidad en las obras de Gloria Anzaldúa "… now let us shift…the path of conocimiento…inner work, public acts" (*This Bridge We Call Home,* 2002), "El paisano is a bird of good omen" (*The Gloria Anzaldúa Reader,* 2009) y *Borderlands/La Frontera* (1987). A continuación, pasaremos a explorar el trabajo de Cherríe Moraga desde este enfoque en sus publicaciones "Queer Aztlán", "En busca de la fuerza femenina" (1993) y *Waiting in the Wings* (1997). Finalmente analizaremos la repercusión de las prácticas heteronormativas en el espacio y su desarticulación en la novela de John Rechy *City of Night* (1963).

El primer capítulo de este libro hace las funciones de marco teórico, ya que explica cómo el concepto de sexualidad creado en las sociedades eurocentristas margina los sujetos homosexuales a varios niveles. En primer lugar, siguiendo el trabajo de Foucault, se presenta la creación del concepto de sexualidad a través del discurso, y cómo este es mediatizado y controlado por las instituciones. Butler continúa elaborando este concepto y estipula la naturalización de un imaginario que enlaza el sexo biológico del sujeto, con su género y su sexualidad. A través de esta naturalización los sujetos que no siguen este patrón de deseo son socialmente marginados, cultural, legal y espacialmente. Esto lleva a una hegemonía heterosexual, o como Michael Warner define, una heteronormatividad, que se refleja en el desarrollo de normas sociales, políticas, culturales, que privilegian este tipo de sexualidad en detrimento de otras. Esta heteronormatividad se refleja en diferentes aspectos culturales, entre los que señalaremos la forma de diseñar y ocupar el espacio, tanto público como privado.

La colonización supuso la implantación de esta heteronormatividad en el continente americano. La carrera por la conquista del recién descubierto territorio y la implementación de la religión católica fueron el motor de la colonización americana. En el desarrollo de este proyecto se infravaloraron tanto a los individuos como a las culturas existentes en dicho territorio con el fin de conquistarlos. El discurso existente referente a las sexualidades marginales, así como el énfasis en ganar nuevos terrenos hicieron de las conductas sexuales de algunos nativos una excusa para el desarrollo de la ocupación. El control de la población y la imposición del catolicismo se desarrollaron en parte a través de la reorganización del espacio, de forma que el diseño de las aldeas y habitáculos siguieran los patrones heteronormativos europeos. De esta manera se desbancan otras acepciones de sexualidad latentes en las sociedades nativo-americanas, y que ofrecen una visión más receptiva a la homosexualidad de los sujetos. Citando a Andrea Smith, la importancia de conocer estas acepciones nativo-americanas radica en saber que otra forma de entender la homosexualidad es posible.

Ante este panorama discriminatorio, artistas y escritores utilizan su trabajo para negociar su identidad dentro de una sociedad heteronormativa, racista y homofóbica. De esta observación nace el concepto *desidentificación* del teórico José E. Muñoz, con el cual podemos identificar las obras de los autores aquí analizados: Gloria Anzaldúa, Cherríe Moraga y John Rechy. Las obras de estos autores se caracterizan por ser principalmente autobiográficas. Cada uno de ellos impregna su literatura con experiencias vitales que han contribuido de una forma u otra a su identidad. Al ser homosexuales, los tres autores han vivido experiencias positivas y negativas con respecto a su identidad sexual, que han contribuido a la creación de su identidad. Sus obras reflejan este aspecto de sus vidas, y cómo han tenido que negociar su homosexualidad dentro de una sociedad heteronormativa. De diferentes maneras, las obras de estos autores representan el proceso de desidentificación que Muñoz desarrolla.

Estas obras literarias pueden analizarse desde una perspectiva descolonizadora ya que pretenden desarticular esta construcción eurocentrista y heteronormativa del discurso y del espacio. De esta forma, el segundo capítulo está destinado a analizar varias composiciones de Gloria Anzaldúa desde el prisma descolonizador. Gloria E. Anzaldúa (1942-2004) fue una mujer que se identificaba como feminista, lesbiana, chicana, escritora, profesora, teórica *queer* y activista política. Originaria de El Valle, (Rio Grande Valley, Texas), y proveniente de una familia de obreros migrantes mexicoamericanos, desde niña comenzó a trabajar en el campo, experiencia que motivó y formó gran parte de su activismo. Colaboró y editó, entre otros, *Making Face, Making Soul/Haciendo Caras: Creative and Critical Perspectives by Women of Color* (1990) y *This Bridge We Call Home: Radical Visions for Transformation* (2002). Fue además autora de libros infantiles bilingües. El proyecto descolonizador de Anzaldúa se funda principalmente en su discurso indigenista. Anzaldúa va a recuperar ciertos conceptos nativo-americanos y a reformularlos de manera que le permita desarticular la heterosexualidad que le rodea. Entre estos conceptos nativo-americanos que retoma se encuentran la espiritualidad, la recuperación de deidades femeninas y el concepto de sexualidad indígenas.

El tercer capítulo de este libro está destinado a analizar el trabajo de Cherríe L. Moraga. Esta autora nació en Whittier, California en 1952. Es una poeta, ensayista y dramaturga chicana. En 1974 se licenció en Filología Inglesa, y en 1981 realizó un máster en escritos feministas en la universidad estatal de San Francisco. Trabajó como profesora en Los Ángeles durante varios años. Moraga, aunque se especializa en obras de teatro, destaca también por sus ensayos y su narrativa personal. En estos escritos, la experiencia vital de la autora, así como la opresión vivida como mujer, chicana y lesbiana, se mezcla con la reclamación de un mejor estado social y cultural para las minorías con las que ella se identifica. En 1979 junto a Gloria Anzaldúa, enviaron una carta, solicitando escritos a mujeres feministas que contasen experiencias que pusiesen de manifiesto las causas que producían divisiones dentro del movimiento feminista, como la intolerancia, el prejuicio o la negación de las diferencias. En 1981 colaboró en la edición de la antología *This Bridge Called My Back: Writings by Radical Women of Color*. La antología reunía obras de Moraga, Barbara Smith, Gloria Anzaldúa, Audre Lorde, Pat Parker, Cheryl Clarke, Merle Woo y la nativa americana de la nación Lakota, Barbara Cameron. Moraga sigue muy de cerca el legado de Anzaldúa. El proyecto descolonizador de esta autora también se basa en el indigenismo principalmente, pero añade al trabajo de Anzaldúa una serie de conceptos con los que desarticular la heteronormatividad. Moraga continúa la recuperación de las deidades femeninas aztecas, pero su indigenismo indaga en temas como el papel de la mujer en las culturas nativo-americanas en oposición al patriarcado, reformula el concepto de familia para incluir las sexualidades marginales, y evoca el poder curativo de la escritura a través de su autoidentificación como *tlamantine*. Es por esto que la mayoría de los escritos de Moraga reflejan experiencias personales que, al ponerlas por escrito, alivian el sufrimiento provocado por una sociedad opresora. En la actualidad Moraga es profesora en el departamento de inglés de la Universidad de California en Santa Bárbara.

El cuarto capítulo de este manuscrito está destinado a la obra de John Rechy *City of Night*. Rechy nació en El Paso, Texas, en 1934, en el seno de una familia mexicana acomodada. Sus padres tuvieron que mudarse a El Paso por la opresión sufrida durante el régimen de Porfirio Díaz. En aquel momento John Rechy (padre) sufre un cambio en su personalidad al no poder realizarse como músico en el nuevo emplazamiento. Su fuerte carácter impregna y se hace visible en las páginas que escribe Rechy, y la mala relación con su padre es uno de los factores que más influye en su literatura. Sus novelas reflejan sus vivencias como gay y prostituto por las calles de diferentes ciudades de Estados Unidos. Rechy irrumpió en la escena literaria en 1963 con esta misma obra, *City of Night*, que de inmediato se convirtió en número uno de ventas. Posteriormente publicó *Numbers* (1967) donde continuó representándose como un prófugo sexual. Al trabajo como escritor se suma su labor como profesor de literatura en la Universidad del Sur de California. Por su labor en favor de la causa gay, recibió dos premios a su carrera: el PEN-USA-West (1997) y el William Whitehead Award de la editorial Triangle (1999). Al igual que Moraga y Anzaldúa, los trabajos de Rechy están plagados de vivencias personales. *City of Night* es una novela autobiográfica que trata principalmente sobre el espacio urbano, y a través de su análisis vemos cómo la descolonización de la sexualidad chicana pasa necesariamente por la descolonización del espacio heteronormativo. Mientras las obras de Anzaldúa y Moraga miran hacia otras culturas para ofrecer alternativas a la construcción del concepto de sexualidad, Rechy se enfoca en el desarrollo de las identidades homosexuales en el corazón de la ciudad, mostrando su supervivencia en un entorno hostil.

El último capítulo está destinado a las conclusiones y prospectiva de este trabajo. A partir de los análisis realizados se pretende comprobar que la sexualidad es una construcción social, y que como tal depende del contexto cultural en el que se desarrolle y puede ser discutido. Así a través de este estudio se pretende aportar un mayor entendimiento de las obras de Anzaldúa, Moraga y Rechy, analizando la forma en la que estas presentan su homosexualidad para descolonizar la heteronormatividad de la sociedad contemporánea. Por último, se deja la puerta abierta a futuras investigaciones que analicen otras obras literarias chicanas a partir de una perspectiva descolonizadora.

CAPÍTULO I
La descolonización de la sexualidad en la literatura chicana

CAPÍTULO I   LA DESCOLONIZACIÓN DE LA SEXUALIDAD EN LA LITERATURA CHICANA

1.1. La sexualidad como construcción social

La sexualidad es entendida por el ser humano según su contexto social, histórico y cultural en el que viva. Es por esto por lo que para entender cómo la homosexualidad ha sido percibida en el siglo XX debemos entender primero cómo este concepto se ha construido a lo largo de la historia. De acuerdo con Judith Butler el cuerpo es un medio pasivo en el que se inscriben diferentes significados culturales (9-10). La identidad sexual, por tanto, se inscribe en cuerpos sexuados, y se aprende y se repite a través de su continua representación (*performance*) social e individual dentro de una sociedad determinada. Butler establece la diferencia entre sexo y género. El sexo es biológico y está genéticamente dividido en dos: macho y hembra. El género se construye culturalmente y no necesariamente se limita a dos opciones (hombre/ mujer). Según Butler, el género se puede entender como un significado añadido, atribuido a un cuerpo sexuado en relación a un opuesto, no como un atributo individual (13). De la misma manera que el género, el concepto de sexualidad es también una construcción social. Butler estipula que la coherencia y continuidad entre el cuerpo y la identidad de la persona no son aspectos lógicos y analíticos del ser humano, sino más bien normas de comprensión socialmente instituidas y mantenidas. Este hecho permite crear "cuerpos legibles", los cuales siguen una continuidad "lógica" entre sexo, género, prácticas sexuales y deseo sexual siguiendo el patrón socialmente establecido (11). De esta forma sexo y género se convierten en aspectos controlables de la población, pueden regularse y por lo tanto someterse a unas normas socialmente establecidas, impuestas a beneficio de los diferentes Estados.

El concepto de sexualidad y todas sus vertientes, tal y como lo percibimos en la actualidad dentro de las sociedades occidentales, es consecuencia de una evolución social determinada, dentro de un contexto cultural específico. De acuerdo con Michel Foucault, la percepción moderna de la sexualidad puede rastrear sus orígenes hasta el ascetismo medieval europeo del siglo XIV. En la obra *Historia de la sexualidad* (1984) Foucault desarrolla un preciso análisis de la evolución del concepto de sexualidad en las sociedades europeas. Según este estudio, la represión de la sexualidad surge a partir de la sociedad burguesa victoriana del siglo XVII como parte de un proyecto capitalista, en el que la garantía de la reproducción, y por ende de las relaciones heterosexuales, sustenta la mano de obra que mantiene este sistema. Para llegar a este punto Foucault revisa el discurso sobre la sexualidad en diferentes épocas y ámbitos: protestantismo, contrarreforma, la pedagogía del siglo XVIII y la medicina del XIX. Según su estudio hay dos discursos esenciales en la construcción del concepto de sexualidad: el discurso eclesiástico y el discurso científico. El discurso eclesiástico puede rastrearse hasta los principios ascéticos del siglo XIV, que buscaban la purificación del espíritu a través de la privación de los placeres materiales. Estos principios facilitaron un cambio de lo que hasta el momento era el concepto de la carne (el cuerpo) para el cristiano. La Reforma católica y el catolicismo en sí dirigieron dicho cambio en el valor del cuerpo humano hasta formar procedimientos de análisis y de formación discursiva en torno a las relaciones sexuales (131). Estos procedimientos se fijaron en el discurso y en la sociedad a finales del siglo XVIII, cuando junto con la nueva clase social burguesa nace una nueva "tecnología del sexo". Foucault utiliza estos términos para referirse a una serie de técnicas diseñadas por la burguesía para asegurarse su supervivencia como clase y el mantenimiento de su hegemonía. Estas técnicas despliegan su discurso en torno a tres pilares: la sexualización del cuerpo femenino, el control de la procreación y la psiquiatrización del comportamiento sexual anómalo como perversión. Es en este tercer pilar donde interviene el discurso científico, que aparece ya en el siglo XIX, cuando la medicina, la pedagogía y la psicología se utilizan como herramientas para convertir el sexo en un asunto de Estado. Se diagnostican tres dominios a tener en cuenta sobre la nueva tecnología del sexo: el pecado de juventud, del que se ocupa principalmente la pedagogía y se centra en el estudio sistemático de la sexualidad infantil; las enfermedades de los nervios, tratada por la medicina y que se enfoca en la mujer; y los fraudes de la procreación, que afecta principalmente a la demografía y que estudia "al adulto desviado" (142). Es en este momento donde el conocido como pecado de sodomía, castigado por la Iglesia desde el período medieval, comienza a ser concebido en la cultura occidental como una enfermedad, un trastorno que debe de ser estudiado y tratado médicamente. Por este motivo, a lo largo del siglo XIX se desarrolla una serie de estudios científicos y se abren nuevos campos dedicados a la homosexualidad. Destaca, entre otros, el dominio médico psicológico de las perversiones, que releva a las categorías morales anteriores del libertinaje y del exceso. Es en este ámbito donde surge la teoría de la degeneración: una herencia cargada de enfermedades, orgánicas, funcionales o psíquicas, produce un pervertido sexual (144). Según este desarrollo de ideas se fija en el discurso dos estereotipos relacionados con la homosexualidad: por un lado, la homosexualidad como desvío moral del ser humano, y por otro lado la homosexualidad como degeneración biológica. Mientras que el primer concepto está fuertemente influenciado por el discurso eclesiástico, profundamente ligado a los valores religiosos de la época; el segundo es consecuencia del discurso científico desarrollado a lo largo del siglo XIX. Ambos contribuyen al concepto de homosexualidad todavía latente a lo largo del siglo XX en las sociedades eurocentristas.

Para Foucault, la sexualidad es manipulada y controlada a través de estos discursos y la represión sexual comienza en este nivel, el nivel del discurso (20). Todo lo referente al sexo se vuelve tabú, y esto provoca que los discursos con relación al sexo se multipliquen: las confesiones en la iglesia, el estudio del cuerpo y la mente en psicología, el lenguaje vulgar y los albures. La confesión, según Foucault, se convierte a partir de la Edad Media en el medio por el que se ha transmitido el conocimiento sobre el sexo en las culturas occidentales. La confesión es también, como veremos más adelante, una herramienta imprescindible para conocer y controlar a la población nativa y su sexualidad durante la colonización española de América. Mientras otras civilizaciones desarrollan la sexualidad y el sexo como materia de estudio, la europea ha utilizado el secreto para desarrollar este conocimiento. Por lo tanto "la confesión fue y sigue siendo hoy la matriz general que rige la producción del discurso verídico sobre el sexo" (79). Este hecho, sumado al desarrollo científico del siglo XIX, provoca que "la sexualidad se defina en una intersección de una técnica de confesión y una discursividad científica" (86). Se crea así un ambiente de secretismo en torno al sexo que es controlado principalmente por dos instituciones: Iglesia y Ciencia.

Estos discursos sobre el sexo se transfieren a los diferentes ámbitos culturales, incluyendo la literatura. El sociólogo Gayle Rubin, explica cómo el sexo se ha eludido tradicionalmente del discurso académico europeísta por varios motivos. En primer lugar, por el esencialismo sexual: la idea de que el sexo es una fuerza natural que existe antes de la vida social y que va dando forma a las instituciones (Schmidt y Voss 3). Este esencialismo sexual se enmarca en el pensamiento de las sociedades europeas que estipulan que el sexo es eternamente incambiable, asocial y transhistórico (Schmidt y Voss 3). Esta forma de pensar responde a un entendimiento prescriptivo de la sexualidad, y fija unos comportamientos sexuales determinados según nuestra condición biológica, excluyendo socialmente cualquier otro tipo de comportamiento y obviando la posibilidad de variación alguna en torno a su conceptualización. En segundo lugar, la negatividad del sexo. El sexo es percibido como algo malo, prohibido, que debe ser controlado. Este concepto del sexo es herencia del discurso medieval. Por ello el sexo ha sido regulado legalmente a través de prohibiciones, censuras, y otras medidas represoras. Esta regulación favorece la creación de jerarquías sexuales: una escala de valores que difunde el tratamiento de la sexualidad dentro de las sociedades europeístas. El acto sexual se enmarca en un sistema jerárquico en el que el sexo marital, monógamo, con un propósito reproductor, tiene el valor más alto, y todas las demás manifestaciones sexuales son inferiores. Todo esto ha llevado a evitar hablar de sexo y sexualidad en los ámbitos culturales y académicos durante muchos años.

Podemos observar entonces cómo los diferentes discursos existentes han definido el concepto de sexualidad latente en el siglo XX y cómo se ha reproducido en la cultura dominante eurocentrista. Según Foucault, el Estado interactúa con la sexualidad a través de las instituciones, reduciendo el concepto de sexualidad a su mera definición reproductiva: "El dispositivo familiar sirvió de soporte a las maniobras para el control de la natalidad, las incitaciones poblacionistas, la medicalización del sexo y la psiquiatrización de sus formas no genitales" (122). A partir del siglo XVIII la sexualidad se convierte en aliada de la clase burguesa, quien junto con el capitalismo promueve una sexualidad controlada y limitada a la reproducción, marginando y condenando otros tipos de sexualidad que no sigan este fin. De esta forma surge la jerarquía sexual mencionada, donde priman las relaciones heterosexuales. Es por esto por lo que varios teóricos (Butler; Schmidt y Voss; Rubin) definen a estas otras sexualidades "sexualidades marginales" o "sexualidades periféricas": todas aquellas que se alejan de un patrón sexual reproductivo. Estas sexualidades han existido históricamente y no han estado completamente sometidas a las relaciones de poder. El pecado de sodomía, por ejemplo, en el contexto católico durante la colonización, se ocultaba o se evitaba, permitiendo un doble funcionamiento: extrema severidad en su condena o tolerancia máxima. Es decir, al ser expuesto, se condenaba con las máximas penas, mientras que al ser evitado u oculto, se reproducía paralelamente a los mecanismos de poder. Sin embargo, las formas de sexualidad divergentes han continuado reproduciéndose a lo largo de la historia. Foucault menciona en su trabajo ciertas sociedades masculinas que podían existir tanto en las cortes de la época medieval como en el ejército, y que eran obviadas por las instituciones de la época. Este hecho permitió que otras prácticas sexuales no hetero continuasen, hasta ser objeto de interés en los estudios científicos del siglo XIX. En este momento, la multiplicidad de discursos sobre homosexualidad (perversidad y rechazo principalmente) dio pie a una paralela reivindicación homosexual de su naturalidad y legitimidad (124), que evolucionará hasta los movimientos reivindicativos de los derechos homosexuales de los años sesenta y setenta.

Es en el siglo XX, a partir de la naturalización de la función del género y del sexo humano a través de los diferentes discursos, cuando se plantea una resistencia de las sexualidades marginales. A pesar de que el género y la sexualidad pueden ser performativos, al imitar patrones establecidos por sociedades determinadas, los discursos paralelos desarrollan alternativas a estas concepciones de género y sexualidad. Esta confrontación entre discursos oficiales y no oficiales respecto al género y la sexualidad del individuo dejan expuestas las relaciones de poder en las que se enmarca la sexualidad del siglo XX, donde la cultura está dominada por el discurso de los valores familiares enraizada en la época victoriana. Este hecho provoca una gran opresión hacia los individuos que no se identifican con esos patrones heterosexuales (Warner XVI). Esta primacía de los valores familiares hace que las sociedades eurocentristas se caractericen en términos de sexualidad, por un patrón heteronormativo. Michael Warner define la heteronormatividad como la interpretación de la sexualidad hetero como algo fundamental y natural dentro de la sociedad. Esta característica social colabora en la creación de sexualidades marginales, ya que la mayoría de las teorías sociales y políticas tradicionales dejan de lado la cuestión *queer* y naturalizan una sociedad heterosexual (VII). Como consecuencia de una sociedad heteronormativa, el estigma de una persona *queer* se refleja en diferentes aspectos:

> Every person who comes to a queer self-understanding knows in one way or another that her stigmatization is connected with gender, the family, notions of individual freedom, the state, public speech, consumption and desire, nature and culture, maturation, reproductive politics, racial and national fantasy, class identity, truth ad trust, censorship, intimate life and social display, terror and violence, health care, and deep cultural norms about the bearing of the body. Being queer means fighting about these issues all the time (Warner XVIII).

Por lo tanto, el resultado de una sociedad heteronormativa afecta no solamente en las relaciones personales del individuo *queer*, sino también en aspectos variados que van desde un entorno más cercano como el género, la familia, la libertad individual, hasta uno más amplio y público como la asistencia médica, la censura, la representación social, etc. A pesar de centrarnos en el estudio de la sexualidad como punto de partida de este análisis, es necesario tener en cuenta su repercusión en todos estos ámbitos diferentes. Esta repercusión es consecuencia de las relaciones de poder que se establecen a partir de la sexualidad. En ellas la cultura hetero se ve a sí misma como la forma elemental de asociación humana, como el verdadero y único modelo de las relaciones entre géneros, como la base indivisible de toda comunidad, y como el medio de reproducción sin el que la sociedad no podría existir (XXI). Y este pensamiento es el que prima y se reproduce a través de la cultura (cine, televisión, literatura, etc.) en la sociedad. La cultura, además de reflejar su predilección por los patrones heterosexuales, manipula a los individuos que forman parte de ella y el espacio que ocupan (Mitchell 99). La heteronormatividad se refleja en el espacio a través de su organización y el desarrollo de las relaciones sociales en este. Pese a que la negociación del espacio entre sexualidades hetero y homo es constante, hoy en día muchos de los espacios de la cultura eurocentrista son entendidos hegemónicamente como heterosexuales. Sin embargo, los actos "transgresores" por sexualidades marginales en los espacios heteronormativos son constantes. Estos actos homosexualizan un espacio socialmente entendido como heterosexual, perturbando las nociones de cómo la sexualidad y el espacio se entremezclan. Desde un simple beso en público entre una pareja gay hasta las manifestaciones organizadas en favor del matrimonio gay, todos estos actos contribuyen a la transformación del espacio de cada día, lo que revela la naturaleza socialmente construida de la identidad sexual y de los espacios sexualmente identificados (Mitchell 180). La negociación de identidades se produce por lo tanto en el espacio, a la vez que producen espacio.

Como ya hemos explicado, la construcción social del género y la sexualidad depende de la sociedad y la cultura en la que se produzca. La ideología con respecto a la sexualidad se plasma en el espacio a través de su organización y de la creación de paisajes que delimitan las posibilidades de identidad sexual de los sujetos. En América, a partir de la colonización, se produce un cambio de organización en el espacio que afecta a la estructuración social de la población. Este cambio se dirige hacia la creación de una sociedad regida por la monogamia y la reproducción, desencadenando en la sociedad heteronormativa que llega hasta nuestros días. Al considerar la organización y distribución espacial actual herencia de la cultura colonial española e inglesa, podemos identificar la negociación de la sexualidad en el espacio como una técnica descolonizadora. De acuerdo con la geografía cultural, el espacio es distribuido y organizado a partir de ciertos valores culturales. Como hemos mencionado, el geógrafo Don Mitchell estipula que el espacio es mediatizado por la cultura (99). A partir de este supuesto, podemos entender los paisajes producidos en estos espacios de dos formas. Por un lado, los paisajes producidos en diferentes espacios son textos, partes de los sistemas significantes de una cultura a través de los cuales podemos entender el funcionamiento de esta. Por otro lado, los paisajes son espacios producidos, una porción de la tierra socialmente transformada (Mitchell 99). De esta forma, al ser los paisajes producidos socialmente, las relaciones sociales específicas que en ellos se desarrollan son parte del proceso de transformación o asentamiento de la configuración de un espacio. Así, nuestro comportamiento social va a estar determinado hasta cierto punto por el espacio en el que se desarrolla, a la vez que el mismo comportamiento puede afectar a la forma en que dicho espacio es entendido.

Por otro lado, al convertirse en el hábitat de personas, estos espacios están destinados a formar un imaginario social. Al crear paisajes los humanos los llenamos de señales cargadas de mensajes ideológicos que terminan ejerciendo un control sobre el comportamiento diario de la gente. Esta dinámica ejercida a lo largo del tiempo forma un imaginario social sobre ese lugar que determina cómo las personas piensan acerca de ese lugar, cómo se comportan en él, y cómo esperan que otras personas se comporten (120). Es decir, las personas no vamos a tener el mismo comportamiento en un espacio determinado que en otro, y estos comportamientos van a depender en gran medida del espacio en el que se desarrollen y de los sujetos que nos rodean. Por ejemplo, al entrar en una Iglesia, los diferentes elementos que componen el paisaje están diseñados para transmitir un sentido de recogimiento y meditación. Así, el silencio y un comportamiento sosegado serán la reacción más común en las personas. De igual manera, si cualquier otro tipo de comportamiento se sucede dentro del templo, rápidamente será reprimido por las otras personas que comparten este espacio y que contribuyen al entendimiento y manutención de cómo debe ser ese espacio.

Otro factor para tener en cuenta es que, al ser los paisajes un producto cultural, las diferentes ideologías de una cultura van a estar impregnadas en la forma en la que estos se han distribuido y organizado. Es decir, al producirse los paisajes se desarrolla un proceso de selección de elementos para representar cuidadosamente el mundo y darle un significado particular. Es por esto por lo que el diseño y construcción del espacio va a estar determinado por el tiempo y lugar donde se produce, así como la ideología dominante de aquellos que facilitan su producción, es decir, aquellos en situación de poder social. La función de estos sujetos no es otra que la de controlar el significado plasmado en el espacio y canalizarlo en direcciones particulares, contribuyendo a la construcción de las identidades que en dichos espacios se desarrollan (100). De esta forma, en una sociedad heteronormativa esta ideología se refleja en el paisaje a través de la organización de elementos, urbanismo, elementos publicitarios, etc.; influyendo la formación de identidades sexuales determinadas.

Este hecho es fácilmente reconocible en las primeras aldeas coloniales españolas, donde el proceso de construcción en el espacio seguía un patrón establecido bajo los cánones religiosos del momento. Por este motivo estas aldeas, al igual que la mayoría de los pueblos españoles, se construían en torno a una iglesia, ubicada en el centro espacial y social de la aldea. La idea de la Iglesia como centro neurálgico de las poblaciones respondía a la ideología católica dominante en el momento, donde la religión era no solo el centro del desarrollo de la vida social, económica y política, sino también era el centro de poder de estos lugares. Por lo tanto, la ideología católica influyó notablemente en el desarrollo urbano de las colonias.

La ordenación del espacio y la creación de los diferentes paisajes que conforman hoy en día el continente americano es en gran parte herencia de su pasado colonial. A través de las colonias el espacio americano se reorganizó y las diferentes funciones y relaciones sociales en él desempeñadas cambiaron su dinámica. Por lo tanto, si consideramos la organización y distribución espacial herencia colonial, podemos considerar la negociación de las relaciones sociales desarrolladas en el espacio y del espacio en sí como una técnica descolonizadora. Para entender cómo funciona este proceso, primero es necesario distinguir entre espacio privado y espacio público, y entender cómo influyen en la identidad sexual y viceversa.

1.2. La sexualidad en los espacios público y privado

La dicotomía entre espacio público y espacio privado no es tan definitoria como parece. A pesar de que la distinción binaria entre espacio público y espacio privado adquiere relevancia en lo referente a la sexualidad, esta relación es altamente problemática. De acuerdo con Nancy Duncan, dicha distinción está enraizada en la filosofía política, las leyes, el discurso popular y las recurrentes prácticas de estructuración del espacio (127).

> These practices demarcate and isolate a private sphere of domestic, embodied activity from an allegedly disembodied political sphere that is predominantly located in public space. The public/private dichotomy (both the political and spatial dimensions) is frequently employed to construct, control, discipline, confine, exclude and suppress gender and sexual difference preserving traditional patriarchal and heterosexist power structures (Duncan 128).

De esta forma, un poder externo al espacio privado es el que articula el desarrollo de las actividades en dicho espacio, por lo que la ideología dominante en el espacio público penetra en el espacio privado. Igualmente, aspectos culturales como la ideología patriarcal y heteronormativa traspasan los límites de lo privado y contribuyen a la organización de este espacio y al desarrollo de las identidades en el mismo. El primer ejemplo de esto lo podemos encontrar en torno al género. El hogar es usualmente identificado con el género femenino, sin embargo, tradicionalmente ha estado sometido a las normas patriarcales del hombre (padre/marido). Estas normas provienen de una ideología patriarcal que transgrede el espacio privado y se materializa en la arquitectura del hogar. El humanista renacentista León Battista Alberti escribió en el siglo XV una de las obras pioneras en arquitectura, *On the Art of Building in Ten Books*. En esta obra Battista refiere abiertamente la complicidad de la arquitectura en el ejercicio de la autoridad patriarcal al definir una intersección entre orden espacial y un sistema de vigilancia que gira hacia la cuestión de género. Según este, las mujeres deben ser confinadas dentro de una secuencia de espacios a la mayor distancia del mundo exterior, donde los hombres son los que deben estar expuestos. Así, la casa se convierte literalmente en un mecanismo de domesticación de las mujeres (Wigley 332). De esta forma, los espacios literalmente producen el efecto "género" transformando el carácter mental y físico de aquellos cuerpos que ocupan el lugar inapropiado (334). Por lo tanto, la organización espacial del hogar afecta al desarrollo de la identidad de los sujetos que lo habitan. Esto nos lleva al segundo ejemplo, la sexualidad. El papel de la arquitectura en estos términos no se limita a la diferenciación de géneros, sino que pretende explícitamente controlar la sexualidad, para ser más exactos, la sexualidad de la mujer, la castidad de los infantes, la fidelidad de la mujer (336). Por lo tanto, la construcción arquitectónica del hogar responde a una ideología concreta. La casa, al ser un artefacto cultural está sujeta a la política sexual de la ideología dominante, en muchos casos una ideología patriarcal (331) y heteronormativa.

Es usualmente asumido que la sexualidad se confina a espacios privados. Sin embargo, esta idea es parte de la naturalización de las normas heterosexuales. La heterosexualidad naturalizada hace casi invisible la sexualidad en espacios públicos para la población hetero, mientras que el espacio público aparece heterosexista para gais y lesbianas (Duncan 137). Como ideal normativo la esfera pública está abierta a todos, pero en la práctica es mucho más restrictiva. Por ejemplo, la esfera pública como lugar para reunirse, protestar y publicar sus puntos de vista está regulado por ley (130). Esto se traduce en ocasionales represiones de manifestaciones públicas en contra de decisiones políticas o sentencias jurídicas. Por lo tanto, a pesar de que el espacio público es "público", no deja de ser un espacio regulado por el Estado y la cultura.

De acuerdo con Don Mitchell, la visibilidad en el espacio público es esencial para contribuir a la producción de cultura y para la política cultural en general. Igualmente, ya hemos mencionado la importancia de esta visibilidad para producir espacios. El sexo y la sexualidad, como elementos culturales participan de este proceso a través de su aparición o desaparición del espacio público, negociando así las relaciones sociales hegemónicas (171). A pesar de aparentar lo contrario, el sexo y la sexualidad han sido siempre, y todavía son, elementos del espacio público, bien para reafirmar un espacio heteronormativo, bien para disputarlo. Lo heterosexual se hace visible en el espacio público constantemente, a través de besos o caricias de parejas heterosexuales, en la celebración de matrimonios, elementos publicitarios que representan valores familiares o heterosexuales, etc. Estos comportamientos se han ido naturalizando y normalizando a través de los años (172). Estas acciones no son sancionadas ni reprimidas porque son social y culturalmente aceptadas. Sin embargo, cuando se trata de patrones homosexuales, las acciones son susceptibles de ser reprimidas bien por la policía —el principal mediador del espacio público— bien por los sujetos que comparten dicho espacio y son víctimas de una ideología heteronormativa. Según Valentine:

> Whilst heterosexuals have the freedom to perform their heterosexuality in the Street-because the street is presumed to be a heterosexual space- sexual dissidents (…) are only allowed 'to be gay in specific spaces and places (Bristow 1989: 74). Whilst the space of the center –the street- is produced as heterosexual, the production of 'authentic' lesbian and gay space is relegated to the margins of the 'ghetto' and the back street bar and preferably, the closeted or private space of the 'home' (although even this is not always accepted…) (Valentine 147).

Por lo tanto, según Valentine, el espacio público se identifica como un espacio heterosexual. Cuando la sexualidad gay "transgrede el espacio hetero" rápidamente es reprimida de diferentes formas para mantener la naturalidad del espacio heterosexual, a través de medidas violentas o simplemente con la evacuación de aquellos que perturban la normalidad del espacio mostrando sus deseos en público y produciendo así un cambio en la concepción de dicho espacio. Sin embargo, de acuerdo con Mitchell, entender el espacio como esencialmente hetero es ilógico desde una perspectiva teórica dentro de la geografía cultural. Partimos de la asunción de que el espacio es a priori codificado como sexualmente hetero, es el original, mientras que el espacio *queer* o gay se copia o se subvierte. Esta asunción es errónea ya que al ser algo producido, ambos espacios deben de estar en estado de producción y reproducción constantemente (179). Entonces, ¿por qué identificamos el espacio público como un espacio heterosexual? De acuerdo con Valentine, la heterosexualización del espacio es un acto performativo, igual que el género, naturalizado a través de la repetición y la regulación. Esta repetición toma la forma de actos que ya hemos mencionado: parejas heterosexuales besándose y cogiéndose de la mano en público, rituales de matrimonio, publicidad, etc. Estos actos producen un montón de asunciones incrustadas en las prácticas de la vida pública sobre qué constituye el comportamiento apropiado y cuáles comportamientos cuajan con el paso del tiempo (Valentine 146). Pero estas asunciones son constantemente discutidas por las sexualidades marginales. La población gay puede producir y produce espacios a través del autorreconocimiento y la representación de comportamientos o vestimentas específicas que articulan una lectura del espacio diferente. La vestimenta o el lenguaje corporal son formas de identificarse, de reconocer un sentido de igualdad (150) y de producir así un espacio de resistencia a la heteronormatividad dominante.

El espacio público es por tanto donde se desarrolla no solo la sexualidad hetero, sino también donde se negocian las sexualidades marginales. Como ya hemos indicado, Mitchell arguye que el espacio es mediado por la cultura, y la cultura es, según el geógrafo, un proceso de lucha (122). Es por esto que tanto el nacionalismo como las relaciones de clase, género, sexualidad y raza son representadas, reforzadas, fetichizadas y naturalizadas en el paisaje (125). Duncan argumenta también cómo el espacio público está sujeto a la negociación de identidades:

> The public sphere is not just the site of state politics and regulation; it is also the site of oppositional social movements. In fact, under many definitions, the public sphere is a political site separate from, and often critical of, the state and the economy. As opposed to the private sphere, it is the discursive and material space where the state and its powers, as well as oppressive aspects of the dominant culture (misogyny, homophobia, racism), are open to challenge by those who have been marginalized in various ways (Duncan 130).

Lo que queda claro de todas estas argumentaciones es que la construcción de la sexualidad, como la construcción de género, es un proceso cultural discutido, y está formado por relaciones en vez de ser una cosa inmutable y estable. Por otro lado, como muchas otras relaciones sociales, la sexualidad es inherente al espacio: depende de espacios particulares para su construcción y a la vez produce y se reproduce en el espacio. Esta producción y reproducción de sexualidad en el espacio, así como su negociación, es visible en varios aspectos sociales. Entre ellos podemos identificar la creación de la identidad de género del individuo (masculino y femenino) y de sexualidad (hetero o gay), el desarrollo de las relaciones sociales y la visibilidad de la cultura tanto homosexual como heterosexual.

Hasta finales del siglo XX, los individuos que no se identificaban con estos patrones sexuales buscaban la forma de esconder o maquillar su identidad para ajustarse a la sociedad del momento. Esto ha cambiado en las últimas décadas, y cada vez son más los sujetos *queer* que buscan formas de autorrepresentación en los diferentes ámbitos culturales y sociales. Ante esta realidad, el teórico cubano americano José Esteban Muñoz desarrolló el término *desidentificación*. Este complejo concepto es un eje en el que convergen diferentes teorías e identificaciones del individuo *queer*. De acuerdo con Muñoz, *desidentificación* "is meant to be descriptive of the survival strategies the minority subject practices in order to negotiate a phobic majoritarian public sphere that continuously elides or punishes the existence of subjects who do not conform to the phantasm of normative citizenship" (4). *Desidentificación* es "the third mode of dealing with dominant ideology, one that neither opts to assimilate within such a structure nor strictly opposes it; rather, disidentification is a strategy that works on and against dominant ideology" (4). Este concepto es por lo tanto un método intermedio para lidiar con la heteronormatividad, sin rechazarla de pleno, pero sin asimilarse a ella. Estas desidentificaciones surgen del deseo de diferir del discurso oficial heteronormativo, homofóbico y marginal. *Desidentificación* es por tanto una estrategia que resiste a la concepción de las relaciones de poder fijadas por el discurso a través de la historia, y negocia estrategias de resistencia dentro del flujo de discurso y poder. De esta forma el teórico pretende darnos una herramienta para reciclar y repensar el significado ya codificado, dando poder a las identidades minoritarias, y permitiendo diferentes fórmulas de autoidentificación. Este modelo de desidentificación va a ser una herramienta más del proceso de descolonización aquí presentado, ya que a través de sus textos estos autores (Anzaldúa, Moraga y Rechy) no ofrecen una asimilación a la heteronormatividad, ni tampoco una contra identificación, sino que ofrecen un espacio donde negociar las diferencias identitarias en una sociedad mayoritariamente homofóbica y heteronormativa.

1.3. La construcción del concepto de sexualidad en otras culturas

Para contribuir a la idea de que la sexualidad es una construcción social fruto de un contexto histórico cultural determinado solo tenemos que estudiar a otras culturas. El concepto de sexualidad, así como la organización social en general, difiere mucho entre las culturas europeas coloniales y las culturas nativo-americanas. Ejemplo de ello es la existencia de los *berdache, two spirited people* o *'aquí* en algunas culturas del continente americano. La sexualidad no es solamente una transacción fisiológica, sino también una práctica cultural, implicada en prácticamente todos los aspectos de la cultura (Schmidt y Voss 8). Como hemos mencionado Foucault hace referencia a la importancia de la estructura familiar heterosexual y monógama para el mantenimiento del sistema capitalista (122). De forma similar y desde una perspectiva antropológica, hay estudios arqueológicos que demuestran que el desarrollo de la predilección por las familias con padres heterosexuales era crucial para el mantenimiento de la estructura familiar, por lo que el concepto de familia heterosexual se estableció como fundamental para la humanidad, esencial para mantener la integridad de los grupos sociales (Schmidt y Voss 10).

En el continente americano, son varios los grupos indígenas en los que se dan otras formas de sexualidad que difieren mucho de la *heteronormatividad* del discurso eurocentrista. En estas sociedades, el género y la capacidad reproductora no son un principio básico del matrimonio, y el matrimonio no es el único contexto permitido para las prácticas sexuales. Tanto la poligamia como la poliginia, el divorcio y la actividad sexual fuera del matrimonio son socialmente aceptados, mientras que el adulterio puede ser más castigado que en culturas europeas. En ciertas culturas nativo-americanas, en lugar de utilizarse el matrimonio como forma de regular la sexualidad, se prohíben prácticas que pueden resultar dañinas para el individuo o para los demás. Por ejemplo, las relaciones durante el embarazo o durante la menstruación de la mujer (Schmidt y Voss 38).

Un ejemplo de estas prácticas es la cultura chumash, en California (Broyles-González y Khus). En esta cultura los conceptos de género, sexo y ocupación dentro de la sociedad están fuertemente ligados. La clasificación de géneros en esta cultura consiste en hombre, mujer y un tercer sexo conocido como *'aquí*. Este tercer género es identificado por la cultura chumash como biológicamente masculino, pero con vestiduras u ocupación de mujer (Schmidt y Voss 39). A diferencia del sistema europeo que identifica el sexo y el género basándose en el cuerpo biológico del ser humano, los marcadores de género en estas culturas nativo-americanas se basan en las dotes sobrenaturales para un determinado trabajo, o con un determinado temperamento. Broyles y Khus describen el concepto de género en relación con la cosmogonía característica de la cultura chumash:

> All humans partake of both femininity and masculinity, in varying amounts. Hence, masculine energy and feminine energy are in no way mutually exclusive but always combined along a "gendered" dual spectrum as complementary reciprocal energies. It is the interplay of their complementary difference (contradiction) that creates or forms everything. Yet, as in all contradiction (the essence of dialectical movement) one side is the preponderant one. The "feminine" or "female" is where there is a preponderance of feminine energy or energy charge; the "masculine" or "male" is where masculine energy or charge predominates. Expressed in terms of human identity, your gender is your preponderant energy of charge (Broyles y Khus 16).

Por lo tanto, el género no está biológicamente determinado, y junto a ello, tampoco lo están sus prácticas sociales y sexuales. Al no estar ligado al cuerpo sexuado del ser humano, sino a las preferencias o prácticas laborales, este concepto de género aporta además una connotación temporal y flexible al mismo. En contraste con el sistema europeo que considera el género permanente e inmutable, algunas de las culturas nativo-americanas, ven el género como algo temporal y flexible.

Podemos rastrear un razonamiento similar en sociedades ya desaparecidas, como la tolteca, donde el concepto de dualidad masculina y femenina era parte de todo el universo. Los toltecas consideraban a Ometéotl dios de la dualidad, con una combinación simultánea de lo masculino y lo femenino. Según León-Portilla: "This supreme Nahuatl deity was both masculine and feminine personification, in spite of being one entity, and was considered to be the generative nucleus and universal cosmic energy from which all life gained sustenance" (31). Esta deidad era por tanto portadora de una carga masculina y femenina al mismo tiempo, a la vez que era considerada la esencia de todas las cosas. De ahí que muchas de los pueblos herederos de la cultura tolteca identificaran a las personas homosexuales como sagradas, al considerar que tenían una carga masculina y femenina al mismo tiempo, igual que Ometéotl. Hay que especificar que la civilización azteca, heredera de la cultura tolteca, no destaca por seguir esta filosofía. Son varias las fuentes que sugieren actividades homosexuales en los diferentes grupos indígenas de lo que hoy se conoce como México. Leiva refiere como Gonzalo Fernández de Oviedo en su "Historia natural de las Indias" habla de las costumbres de diferentes pueblos que habitaban el actual México, describiendo estas actividades como parte de su cultura:

> Entre los indios en muchas partes es muy común el pecado nefando contra natura, y públicamente los indios que son señores y príncipes que en esto pecan tienen mozos con quien usan este maldito pecado; y tales mozos son pacientes, así como caen en esta culpa, luego se ponen naguas, como mujeres que son unas mantas cortas de algodón, con que las indias andan cubiertas desde la cinta hasta las rodillas, y se ponen sartales y puñetes de cuentas y las otras cosas que por arreo, ni hacen cosa que los hombres ejerciten, sino luego se ocupan en el servicio común de las casas, así como barrer y fregar y las otras cosas a mujeres acostumbradas (Fernández de Oviedo 11).

Sin embargo, Sigal afirma: "When the Spaniards witnessed and fought the Mexican of Tenochtitlan and the other indigenous peoples on the basin of Mexico, they perceived a contradiction: a highly masculine group that engaged in extensive sodomy (181). Son numerosas las referencias a las prácticas homosexuales en el período de la Conquista.

Otro referente a sexualidades divergentes de lo heterosexual lo encontramos en los *berdaches*, o *two spirited people*. Estos sujetos son identificados en otras culturas a partir de una combinación de características asociadas al género masculino con otras del género femenino. Biológicamente, los *berdaches* pueden tener cuerpo masculino o femenino, pero social y culturalmente son reconocidos como un género más. Sabine Lang (Men as Women) recoge cinco características diferentes que llevan a un individuo a ser definido como *berdache*: 1) las personas que mantienen relaciones sexuales con miembros de su mismo sexo, sin perpetrar un cambio de género, 2) las personas que ejecutan un cambio de vestuario correspondiente al género opuesto, sin perpetrar un cambio de género, 3) hombres afeminados y mujeres masculinas que mantienen su estatus de género, 4) mujeres guerreras, y otras personas que cruzan las barreras de género sin cambiarlo necesariamente, 5) hombres que por fracaso en la lucha son forzados como humillación a llevar ropas de mujer, y ocasionalmente a ejercer el papel de las mismas (19). Todas estas prácticas son identificadas con la figura del *berdache*. De acuerdo con Lang (Various kind), el término *berdache* enfatiza más la ocupación del individuo que su sexualidad. El género *berdache* no es por lo tanto una cuestión de sexualidad, sino de preferencia ocupacional y tratos personales (101). Este género ocupa un estatus diferente en cada grupo indígena, pero lo que sí parece evidente es que en todos son reconocidos como género *per se* y son aceptados socialmente (6).

Imagen 1. Wewha tejiendo. Zuni, 1849-1896.
Fuente: adaptado de *We-wha, or We-wha weaving* [Fotografía], por National
Anthropological Archives, Smithsonian Institution. CC0

Berdache ha sido el término más extendido para calificar estas prácticas precolombinas. Sin embargo, este no es un término indígena, sino que fue impuesto por los colonizadores para hacer referencia a estas prácticas nativas de forma despectiva. Literalmente *berdache* significa "prostituto", y es por tanto hace referencia exclusivamente a lo masculino. Sin embargo, el término *two spirited people* hace referencia tanto a lo masculino como a lo femenino (12). La mayoría de los estudios respecto a los diferentes géneros y sus sexualidades en las tribus nativo-americanas coinciden en que el caso femenino ha sido obviado. Cromwell apunta que esto se debe a que "Most of the literature concerning native Americans is phallocentric, androcentric and heterosexually oriented; as such, it frequently overlooks or only mentions the existence of females who have histories and lifestyles similar to male gender variance" (126). Esta reticencia por indagar en las relaciones de mujer hace casi imposible descubrir el imaginario generado en el pensamiento indígena sobre la homosexualidad femenina. Sin embargo, a pesar de la tradición literaria falocéntrica y heteronormativa, hay algunos ejemplos de *two spirited women* que pueden rastrearse en varios estudios antropológicos. En su obra *The Spirit and the Flesh: Sexual Diversity in American Indian Culture* Walter L. Williams describe a las amazonas como la contraparte de los *berdache* (Cromwell 126). Igualmente, George Deveroux (1973) explica cómo la tribu Mahove reconoce dos tipos definidos de homosexualidad: *alyha*, hombres travestidos que toman el papel de la mujer en las relaciones sexuales, y *hwame*, mujeres homosexuales que asumen el papel del hombre (Cromwell 120). De igual manera, los navajo diferencian entre *nádleeh*, para los individuos biológicamente masculinos, y *nádleeh__baa'* o *dilbaa'* para los femeninos (Thomas 160). También en los primeros escritos sobre la cultura nahua los religiosos utilizaban el término *patlachuia*, definido como "una mujer que lo hace con otra" (Sigal 199). Esto causaba tremenda confusión, y la reserva a hablar de este tema hace que no se encuentre en los escritos.

Es importante enfatizar que todos estos ejemplos de sexualidades divergentes representan un género más dentro de cada grupo social. Este hecho facilita la permisión de las relaciones sexuales con hombres o mujeres, ya que estos pertenecen a un género diferente que no es masculino ni femenino. Lang explica las relaciones de este tercer género en la comunidad Shoshoni: "Among the Shoshoni, tainna wa'ippe (two spirit males and females) (...) can have relationships with both, men or women. The only sexual relationship that is considered inappropriate is between two tainna wa'ippe. Such a relationship seems to be viewed as incestuous because at least male tainna wa'ippe regard each other as 'sisters'" (Lang, Various kind 106). En este caso, las relaciones homosexuales entre individuos del mismo género son vistas como falta del elemento espiritual, actuando en beneficio personal en vez de manifestar el poder espiritual (Lang, Various kind 106). Algo similar sucede dentro de la cultura navajo, que considera las relaciones entre el mismo género homosexuales e incestuosas (Thomas 162): "People of the same sex and gender are not supposed to have sex with one another according to Navajo tradition, but nádleeh who are biologically males may have sex with women and with men who are not nadleehs. Gender classification, identity, and roles as prescribed by Navajo culture supersede sexual identification in these relationships" (167).

A pesar de que estos conceptos de tercer y cuarto género parecen desaparecer en los grupos nativos a partir de las décadas de los años 30 y 40, el término *two spirited* ha sido rescatado por las comunidades gay y lesbianas urbanas actuales como término auto definitorio para una identidad homosexual y nativo-americana. Sin embargo, no debemos confundir la construcción social de homosexualidad europea con el concepto *two spirited* o *berdache*. Según Lang, la homosexualidad es un concepto europeo en términos de su organización y manifestación cultural, además de los sentimientos subjetivos envueltos. En las culturas eurocentristas, una relación homosexual entre hombres conlleva dos hombres que ocupan un estatus masculino en la sociedad, y ambos son reconocidos como género masculino. Sin embargo, para que una relación sea aceptada en las culturas nativo-americanas, uno de los miembros debe ser reconocido como *berdache*, es decir, debían de ser entre personas de diferente género. La homosexualidad, en su sentido occidental, no es aprobada tampoco dentro de las culturas nativo-americanas. Por tanto, la identidad de género no es lo mismo para los *berdaches* que para una persona gay en la cultura occidental. La identidad de estos individuos no es ni masculina ni femenina, sino una combinación de ambas y sus relaciones son con hombres o mujeres, no con otros *berdaches*, por lo que no se puede considerar homosexual (Lang, Men as Women 20). Es por esto que los componentes de la organización GAI (Gay American Indian) debaten sobre la utilización de estos términos dentro del grupo. El término *two spirited* parece el más reconocido en este ámbito, ya que la teoría de la compensación de energías masculina y femenina es más tolerante con la correlación cuerpo-género-deseo-sexualidad.

Con lo cual, la relevancia de la existencia de este tercer género no supone mayor permisividad en las relaciones sexuales. Lo que sí aportan estas culturas es un ejemplo de cómo el género es una construcción social que varía del contexto cultural en el que se desarrolle. De esta forma, en estas culturas, las preferencias y deseos sexuales de más individuos son incluidas en la construcción de género, mientras que en las culturas europeas dicha construcción se limita a los patrones heterosexuales. Una vez construido el concepto de género, todas ellas son prescriptivas, regulando el comportamiento social al género correspondiente de cada individuo. De aquí van a tomar el discurso de sexualidad autoras como Moraga y Anzaldúa. Estos casos de concepción del género y del sexo son un ejemplo americano de cómo una organización social diferente, más inclusiva en torno a la sexualidad, es posible, sin erradicar los patrones heterosexuales. Estos ejemplos sirven por lo tanto como conceptos para negociar las diferentes sexualidades dentro de la sociedad contemporánea. No se trata de la implantación de una sociedad nativo-americana, pero sí de un aprendizaje de otras culturas que aportan nuevos patrones sociales más inclusivos.

1.4. La colonización de la sexualidad americana

La ocupación española del territorio americano y su proyecto de cristianización tiene un fuerte impacto en estas concepciones de la sexualidad humana. La entrada en contacto de las culturas europeas con las diferentes culturas nativo-americanas, resultó en la exterminación de muchos de los valores culturales nativo-americanos. Entre ellos, los conceptos de sexualidad y género, que se vieron completamente distorsionados por la cultura europea en esta inmensa "zona de contacto" en que se convierte el territorio americano. Mary Louise Pratt identifica como zonas de contacto a los espacios sociales donde culturas dispares se encuentran, chocan y lidian entre ellas a menudo bajo relaciones asimétricas de dominación y subordinación (4). Su obra *Imperial Eyes* (1992) es un estudio de cómo los libros de viajes escritos por los europeos sobre culturas no europeas crean lo que ella denomina "el sujeto doméstico" del euro-imperialismo (4). De esta forma, la literatura escrita a partir del encuentro de estas culturas comienza a dar forma al discurso colonial impregnado por relaciones de poder que ensalzan la cultura europea en detrimento de las nativo-americanas.

La colonización española está completamente ligada a la cristianización de la población que habitaba el nuevo territorio debido al contexto histórico-político en el que se desarrolla. Ya hemos dicho que es a finales de la Edad Media cuando comienza a desarrollarse el discurso eclesiástico sobre las sexualidades. La Iglesia católica goza de gran poder y se unifica con el Estado debido al ideal de unidad de fe católica que se constituye como fundamento de la organización política. El proyecto principal de la reina Isabel de Castilla (la Católica) al conocer de la existencia del Nuevo Mundo fue bautizar a los nativos y convertirlos al catolicismo para así salvar sus almas, siguiendo la premisa católica de la época. Para ello, se encargó a la Iglesia la función de cristianizar y evangelizar a todos los indígenas. La Iglesia católica, probablemente la institución más poderosa de la historia en España, comenzó su labor mandando frailes y clérigos de distinto rango al nuevo mundo. Su función era la de enseñar el catequismo y convertir a los indígenas a la religión católica.

Junto con las enseñanzas religiosas, la Iglesia fue la encargada de perpetuar el discurso eclesiástico sobre la sexualidad en el Nuevo Mundo. Las diferentes prácticas sexuales encontradas en los nuevos territorios hicieron de la sexualidad un asunto prioritario a tratar, ya que el pecado de sodomía se había convertido a finales de la Edad Media en uno de los más controlados por la Iglesia. Como explica Foucault, el método de control más eficaz es a través de la confesión (79). Fray Toribio de Benavente, fraile franciscano del siglo XVI, recoge las prácticas religiosas implantadas en el nuevo territorio en su *Historia de los indios de la Nueva España*. El fraile dedica todo un capítulo para explicar "De cómo y cuándo se comenzó en la Nueva España el sacramento de la penitencia y confesión, y de la restitución que hacen los indios" (165): "Comenzóse este sacramento en la Nueva España en el año de 1526, en la provincia de Tezcuco, y con mucho trabajo, porque como era gente nueva en la fe, apenas se les podía dar a entender qué cosa era este sacramento" (165). De la misma manera, Benavente capitula "De a donde comenzó en la Nueva España el sacramento del matrimonio, y de la gran dificultad que hubo en que los indios dejasen las muchas mujeres que tenían" (173), demostrando la implantación de un sistema de sexualidad controlado por la institución religiosa. Schmidt y Voss explican cómo los diferentes grupos que habitaban la península californiana, por ejemplo, no tenían un código sexual determinado. Los franciscanos a su llegada impusieron el suyo, aprobado en el concilio de Trento, el cual estipulaba que las prácticas sexuales permitidas eran dos, el celibato y el sexo para la reproducción dentro del matrimonio. Cualquier otra práctica sexual era pecado mortal, a pesar de que las prácticas sexuales de algunos de estos grupos nativos distaban mucho de las colonizadoras (Schmidt y Voss 38).

Algunos de los textos coloniales, como el de Benavente, reflejan esta disparidad, narrando o nombrando estas prácticas sexuales a través de una perspectiva católica. Por ejemplo, Cabeza de Vaca cita algunas de estas prácticas en su relato de *Naufragios:* "Entre éstos (indios iguales) no se cargan los hombres ni llevan cosa de peso; más llévanlo las mujeres y los viejos, que es la gente que ellos en menos tienen. No tienen tanto amor a sus hijos como los que arriba dijimos (indios mareames). Hay algunos entre ellos que usan pecado contra natura. Las mujeres son muy trabajadas y para mucho..." (56). Y también "En el tiempo que así estaba, entre éstos vi una diablura, y es que vi un hombre casado con otro, y éstos son unos hombres amarionados, impotentes, y andan tapados como mujeres y hacen oficio de mujeres, y tiran arco y llevan muy gran carga, y entre éstos vimos muchos de ellos así amarionados como digo, y son más membrudos que los otros hombres y más altos; sufren muy grandes cargas" (77).

Estas fuertes diferencias entre la organización sexual de ambas culturas hicieron de la sexualidad un punto importante de negociación durante la colonización. Los colonos religiosos, sorprendidos por la aceptación de estas prácticas en algunas culturas indígenas, condenaban este comportamiento y buscaban regular la sexualidad indígena tanto como la europea (Schmidt y Voss 38). Como hemos dicho, la confesión se convierte en la técnica de propagación de los saberes sobre la sexualidad. De acuerdo con Merry E. Wiesner, "The sacrament of confession and penance provided a more common opportunity for teaching Christian ideas than schools. Penitential guides for priests prepared by missionaries took special interest in sex, with specific questions in Latin, Spanish and Indian languages about sodomy, anal intercourse, bestiality, abortion, contraception, adultery, fornication and incest" (154). Fray Juan

Cortés, por ejemplo, otro fraile enviado por la Corona española a las Américas instruía a los sacerdotes cómo preguntar a los confesores si habían deseado hacer o haber hecho "cosas malas por placer con una mujer, a las mujeres, y con un hombre, a los hombres" (Wiesner 155). Otro fraile franciscano que convivió con los indios pima (área de Arizona-Sonora-Chihuahua) relataba las relaciones entre personas del mismo género de la siguiente manera:

> Entre las mujeres vi a algunos hombres vestidos como ellas, con las qales andan regularmente, y nunca se juntan con los hombres, y el Sr. Comandante (Juan Bautista de Anza, JM) llamaba amaricados. Tal vez porque los Yumas llaman Marica á los hombres afeminados. Le pregunté quienes eran estos: y me respondieron, que essos no eran hombres como los demás por lo qual andaban assi tapados; de donde inferi que serian hermofroditas; pero por lo que supe despues entendí que essos son sodomíticos dedicados para el exercicio nefando. Por lo qual concluyo, que en este punto de incontinencia han de dar mucho que hacer quando se establesca en ellos la Santa Fe, y religion Christiana (citado en Font y Montané-Martí 496).

Las acusaciones de sodomía hacia ciertos grupos indígenas se multiplicaban entre el clero y los colonos. Esta acusación era parte de una lista de prácticas que se repetían para acusar la inferioridad y la barbarie de los nativos: sodomía, canibalismo, incesto, sexo anal, poligamia, etc. (Wiesner 166). Este discurso sobre los nativos apela a una intervención de los colonizadores para "controlar, civilizar y adoctrinar a estas gentes". Según el teórico postcolonial Homi Bhabha el objetivo del discurso colonial es construir al colonizado como una población degenerada en base a la diferencia con los colonos, con el fin de justificar la conquista y establecer sus propios sistemas de administración e instrucción (70). Es en los textos coloniales donde comienza a definirse los discursos de civilización y barbarie que llegan hasta nuestros días, y con ellos la ambivalencia del nacimiento de la modernidad occidental. De esta forma, el religioso Bartolomé de las Casas trata de defender a los aztecas y a los incas dentro de este sistema jerárquico de civilización: "Los Aztecas y los Incas castigan severamente la sodomía, viéndose, así como una de las muchas indicaciones de su avanzado nivel de cultura" (Wiesner 167).

Por ello, la idea de modernidad que tenemos hoy en día descansa en el origen del concepto de civilización y en el contexto histórico en la que este surge: la colonización (Bhabha 32). El problema de la ambivalencia de la autoridad cultural en la que reside el eurocentrismo es el intento por dominar en el nombre de la supremacía cultural, la cual es producida solamente en el momento de la diferenciación. Esta diferenciación es la que se establece en el momento de la colonización entre los nativos y los colonizadores. La sexualidad es en este juego de interpretación de la superioridad cultural una de las bases de diferenciación entre civilización y barbarie dentro del discurso eclesiástico de la época. Se construye y se reproduce entonces una identidad del sujeto colonial "producida, creada, inventada por los sujetos coloniales, reproducida y fijada en el discurso occidental" (Fanon 44). La cuestión de la identificación no es nunca la afirmación de una identidad predeterminada, sino más bien la producción de una imagen de identidad y la transformación del sujeto en asumir dicha imagen. La identificación del sujeto pasa entonces por su representación en un orden diferenciador de otredad (45). Es decir, el sujeto se identifica dentro de un orden preestablecido, y siempre en similitud y diferencia de otros sujetos. Partiendo de esta idea, Bhabha desarrolla el concepto de otredad. Según este teórico, "el otro" debe de ser visto como la negación necesaria de una identidad primordial (cultural o psíquica) que introduce el sistema de diferenciación que permite lo cultural ser significante de una realidad lingüística, simbólica e histórica. En este caso, el colonizador, es visto como el proveedor de la salvación: un individuo que limita el acto sexual a la reproducción, siguiendo el precepto bíblico de "creced y multiplicaos". Como principio identificativo "el otro" conlleva siempre un grado de deshumanización, pero su representación es siempre ambivalente, reveladora de una carencia (57): los pecadores nativos que desconocen las enseñanzas bíblicas y todo el sistema social desarrollado en torno a ellas. Por lo tanto, la construcción del sujeto colonial en el discurso, al igual que el ejercicio de poder a través de este, demanda una articulación de formas de diferencia en base a la sexualidad y a la raza (67).

Sigal, en su estudio de la homosexualidad en la cultura nahua, apoya esta teoría y afirma que: "The sodomitical discourse of these chroniclers advanced complemented the Spanish justification of conquest, which used cannibalism, human sacrifice, and sodomy as excuses for conquering various peoples and degrading their humanity" (182). Además, añade otra dimensión más al discurso sodomita del conquistador. Según el autor, los escritores españoles creían que si los nahuas tenían un papel determinado para la sodomía institucionalizada eran necesariamente menos civilizados que los españoles. La sodomía era para los cronistas un tropo relacionado con el análisis de la conquista. Una vez que un grupo era conquistado, los españoles raramente mantenían el interés en los comportamientos homosexuales del grupo conquistado (183).

Entre ciertos grupos, como los mexicas o aztecas, hay indicios que señalan la homofobia como tónica social. De acuerdo con Quirós Leiva, las relaciones homosexuales eran castigadas con el empalamiento o la horca, pero hay muchas dudas de que estas se llegaran a aplicar, y es contradictorio, ya que se citan prácticas de sodomía en los ritos religiosos o la práctica generalizada de la pederastia (6-7). Sigal también hace referencia a la narración de diferentes castigos para estas prácticas, pero discute la veracidad de estos relatos, tanto de religiosos como de indígenas, ya que todos ellos son posteriores a la Conquista, y por tanto están influenciados por la mentalidad cristiana europea (177-205). Por ejemplo, Fernando de Alva Ixtlilxochitl, un historiador de Texcoco con gran influencia hispana escribió:

> The pecado nefando was punished in two ways: from the one who functioned as a woman, who was tied to a post, they removed the entrails through the lower parts. And the young men of the city covered him with ash, so that he came to be buried underneath it, after which they placed much firewood [on top] and set him on fire. As to the one who functioned as a man, they covered him alive with ash so that he would stay tied to a post until he died there (Sigal 184).

Esta relación de cómo se castigaba la sodomía por los toltecas y la gente de Texcoco es una muestra de la influencia cristiana sobre la concepción de la homosexualidad indígena, ya que los castigos explicados se asimilan a los practicados tanto en España como en Portugal a los condenados por este pecado. Todas estas contradicciones son el resultado de la influencia de la colonización en la creación de la identidad homosexual indígena. Recordemos, como ya hemos mencionado, que el concepto de sexualidad indígena no "encaja" en las categorías modernas de "homosexual" y "heterosexual". Los nahuas mostraban ciertas nociones de homosexualidad radicalmente diferente a las identidades homosexuales contemporáneas. En el mundo nahua, las nociones de identidad no estaban basadas en una identidad sexual estable e internalizada (Sigal 181). No se han encontrado evidencias de que los nahuas creyeran que los actos homosexuales vinieran del deseo incipiente en el individuo. Sin embargo, la cultura nahua parece haber derivado el significado del rol pasivo en las relaciones homosexuales masculinas basándose en las concepciones de las necesidades comunales típicas de esa cultura, de su estabilidad estructural y de su interés cosmológico (181). La idea principal de Sigal es que los relatos sobre homosexualidad siguen un proyecto determinado, o bien relatar lo salvaje de los indígenas, o bien delatar la violencia de los conquistadores. Lo que nos deja claro es que antes de la Conquista los nahuas no referían directamente las actividades homosexuales (185).

De esta forma a través de las enseñanzas religiosas, los castigos y la humillación hacia los sujetos no heterosexuales y monógamos, los colonizadores implantan un discurso de vergüenza que pretende erradicar esta parte de la cultura nativa. Esta implantación se convierte en parte del discurso sobre sexualidad en todo América. De acuerdo con Lang, el contacto entre europeos y nativos ha provocado un profundo cambio en el concepto de sexualidad y género dentro de las propias comunidades nativo-americanas: "The attitude towards sexuality in general and same sex relationships in particular has changed dramatically on many reservations due to long-term exposure to Western religion, boarding schools, and, more recently, the media" (Lang, Various kind 108).

En otro orden de cosas, una herramienta elemental para la implantación del nuevo imaginario sexual en las colonias es la nueva organización del espacio. Junto con la evangelización, el control de los nuevos territorios, así como su ocupación y su administración, son los motores principales de la Conquista. A partir del siglo XVII la colonización empezó a estar fuertemente influenciada por las filosofías progresistas y reformistas de la Ilustración. En este momento, la arquitectura se convierte en un mecanismo de ingeniería social y de control de la sexualidad (Voss 43). Estas ideas reformistas, todavía influenciadas por una ideología religiosa, enfatizan que el vicio –y dentro del entendimiento religioso el sexo– es contagioso, y la arquitectura se utiliza para separar a los niños inocentes de los padres viciosos, al igual que segrega a los sexos (43). Esta percepción de la arquitectura y de la organización del espacio responde a la ideología concreta de este período. Por esto, las construcciones realizadas por los colonos españoles en tierras americanas seguían el patrón ya establecido en Europa, cuya finalidad era preservar la sexualidad en el interior de los hogares, y mantenerla como algo ajeno a los infantes. Will Roscoe recoge cómo para la sociedad Zuni, la organización del espacio en el hogar impactaba en la sexualidad de los individuos:

> Sleeping in a single large room with other family members, Zuni children became aware at an early age of adult sexual behavior. Boys and girls might engage in sex play as early as the age of six or seven. Although adolescent homosexuality has not been recorded at Zuni, there are reports of his behavior among male and female Hopis. No doubt, sexual experimentation took this form at Zuni, too. Parents discussed sexual matters freely with their children, and few young Zunis entered marriage without both knowledge and experience in this area (Roscoe 35).

Obviamente la exposición a la sexualidad va a influir en nuestra idea de sexualidad, y esta exposición está regulada por la organización del espacio. Antes de la colonización, los espacios en los que se desarrollaban las actividades sexuales eran variados. De acuerdo con Voss, no hay razón para pensar que las relaciones sexuales estuvieran confinadas a espacios interiores, ya que los restos arqueológicos demuestran que la mayoría de las veces estas actividades eran desarrolladas fuera del hogar. Las pocas fuentes etnográficas que recogen actividades sexuales describen parejas alejándose de las villas hacia áreas ocupadas por árboles, césped o chaparral. Igualmente, se han encontrado cierto tipo de petroglifos curvilíneos y con forma de copulación que sugieren la creación de espacios abiertos para rituales sexuales con fines de incrementar el poder sexual o reproductivo (49).

Sea como fuere, la relación entre espacio y sexualidad es uno más de los múltiples aspectos que fueron modificados a través del proceso de colonización. Las actividades sexuales se permiten con fines reproductivos, pero el espacio en el que se desarrollan pertenece al ámbito familiar, dentro del hogar, en la habitación del matrimonio. La intención de controlar estas actividades se demuestra en la urgencia de los sacerdotes en reemplazar las casas tradicionales de los nativos americanos por apartamentos de adobe al estilo europeo (50). A través de estas construcciones los sacerdotes podían canalizar las actividades sexuales consensuadas por la doctrina católica, otorgando apartamentos a parejas casadas por el rito cristiano, y arreglando geográficamente las relaciones sexuales sancionadas. De esta forma, la sexualidad de los nativos pasaba de enmarcarse en un espacio abierto a estar confinada a un espacio cerrado concreto y a ser controlada arquitectónicamente.

1.5. Heteronormatividad y sexualidad en la literatura chicana

El contexto chicano es adecuado para estudiar tanto la heteronormatividad social como el surgimiento de patrones desidentificatorios. Bruce Novoa (1986) recapitula la historia del movimiento chicano como un movimiento de tradición masculina principalmente. En su análisis Novoa explica cómo lo femenino reacciona en contra del patriarcado estipulado en el movimiento, y a su vez lo homosexual reacciona como extremo contradictorio a este paradigma binario. Novoa relata la homofobia en el movimiento chicano como resultado de su herencia cultural mexicana y estadounidense, ya que ambas están fuertemente determinadas por su herencia colonial.

Movimiento chicano es el nombre que se usa para describir la etapa que va de fines de los años sesenta a comienzos de los setenta. En este periodo diferentes sectores de la comunidad méxico-americana lucharon por sus derechos civiles. El Movimiento se desarrolló en una serie de levantamientos protagonizados por individuos mexicoamericanos o chicanos. Todos ellos estaban unidos por un objetivo general: exigir los derechos de la ciudadanía estadounidense y crear una identidad méxico-americana que no implicara un rechazo a sus raíces culturales. La literatura chicana de esta época apoyaba este proyecto sociopolítico, denunciando las injusticias que sufrían tanto el migrante a su llegada, como el chicano dentro de la sociedad estadounidense. Como todo proyecto político, el Movimiento chicano requirió una homogeneidad ficticia para crear una unidad frente al grupo opresor, en este caso la sociedad estadounidense. Este aspecto de homogeneidad ficticia determina la historia de la literatura chicana. En sus comienzos, y como parte del proyecto político-social del movimiento, la literatura chicana favoreció una serie de rasgos comunes en detrimento de otros diferenciadores.

Estos textos tempranos se encuentran todavía fuertemente influenciados por la sociedad patriarcal mexicana y por su herencia colonial. Es por esto que dominaron las publicaciones de hombres chicanos, creando un canon literario que dejaba al margen textos producidos por otros miembros de la comunidad chicana.

Es importante destacar que pese a ser relegados a un segundo plano, si existían escritos creados por otros componentes de la comunidad chicana en la época, aunque en el momento su publicación no fuese favorable. Estos textos comienzan a recuperarse y a incorporarse en la historia de la literatura chicana como parte del proyecto feminista. Las voces femeninas comienzan a surgir exigiendo una serie de necesidades diferentes a las masculinas, ya que sus inquietudes no se limitan a la inclusión social del chicano, sino que pretenden diferenciar el papel de la mujer en este movimiento. Es por esto por lo que cuando las escritoras chicanas aparecieron en el ámbito literario, fueron fuertemente criticadas por los sectores más tradicionalistas. La idea de una heterogeneidad dentro del Movimiento provocaba a ciertos sectores chicanos un miedo al quiebre de los intereses comunes, y una debilitación del grupo social dentro del panorama político. En este momento las mujeres que criticaban los abusos y el machismo dentro de la cultura chicana fueron fuertemente criticadas y tachadas de *malinchistas* y traidoras. Sin embargo, esto no fue impedimento para el desarrollo de una literatura femenina y feminista de éxito para las autoras chicanas.

Con la incorporación de la mujer a la incipiente voz chicana surge la inquietud de otras minorías por ser igualmente aceptadas. De la mano de la literatura chicana femenina comienza a surgir la literatura de las sexualidades marginales, también opacada por los intereses comunes del movimiento. Parte de las mujeres al frente del movimiento feminista en el ámbito chicano son mujeres homosexuales, que no solamente buscan reconocimiento de género, sino también de raza y sexo. Se produce así la inserción dentro del canon de la literatura chicana de las sexualidades marginales. Este tipo de literatura nace, al igual que la literatura chicana, como expresión de un grupo sometido o excluido socialmente. En muchas ocasiones su intención es la de denunciar la heteronormatividad latente no solo en la sociedad estadounidense, sino también dentro del propio Movimiento. Si consideramos la heteronormatividad como parte de la herencia colonial europea dentro de la cultura chicana, podemos decir que estos textos pretenden en cierta manera descolonizar el concepto de sexualidad latente en el Movimiento.

1.6. Descolonizando la sexualidad en la literatura chicana

La literatura de Gloria Anzaldúa, Cherríe Moraga y John Rechy puede considerarse parte de un proyecto descolonizador en cuanto que pretende incorporar las experiencias homosexuales que han sido reprimidas dentro de una cultura chicana eurocentrista, heredada del proceso colonial. La sexualidad del individuo ha sido definida históricamente a través del discurso colonial. Como hemos desarrollado, el concepto de sexualidad es fruto de un proceso de creación del discurso a través de diferentes relaciones de poder (eclesiásticas y coloniales, principalmente). Por esta razón, se puede descolonizar el imaginario creado en torno a las sexualidades marginales a través de la literatura de estos autores.

En estos términos voy a analizar las obras de Gloria Anzaldúa, Cherríe Moraga y John Rechy en los siguientes capítulos. Los tres forman parte de un elenco de autores chicanos que redefinen el espacio literario para que sujetos minoritarios puedan desidentificarse dentro de los patrones heteronormativos. De una forma –a través del indigenismo unas– o de otra –a través de la negociación del espacio el otro– todos están contribuyendo a la descolonización de la sexualidad a través de su literatura. Las dos herramientas descolonizadoras desarrolladas en estas obras se enfocan por lo tanto en dos aspectos importantes. El primero, el indigenismo en el Movimiento chicano. El segundo, la negociación del espacio urbano. Andrea Smith estipula la importancia de utilizar el indigenismo como herramienta descolonizadora: "Native studies can be part of a growing conversation of scholars engaged in diverse intellectual projects that do not dismiss identity but structure inquiry around the logics of race, colonialism, capitalism, gender, and sexuality. Native studies must be part of this conversation because the logics of settler colonialism structure all society, not just those who are Indigenous" (43).

De esta forma, el combinar estudios nativo-americanos con teorías post-estructuralistas, *queer* y teoría urbana es una forma de contribuir a un cambio de una sociedad colonizada que afecta a todos los sujetos que forman parte de ella. Los estudios nativo-americanos pueden ser un proyecto intelectual aplicable no solo a los sujetos indígenas, sino a todos los sujetos que conforman la sociedad americana contemporánea, ya que las jerarquías de poder establecidas en el período colonial les afectan de igual forma a todos ellos. El hecho de que haya otras formas de organización social nos ayuda a ver cómo nuestra sociedad es construida y no natural, y por ende podemos buscar otro tipo de organización más inclusiva. El segundo elemento descolonizador importante es la negociación del espacio. La apropiación y distribución del espacio en la colonización dio pie al surgimiento de una heteronormatividad tanto social como espacial. Charles Colson une el concepto de imperio con el de heteropatriarcado:

> Heteropatriarchy is the logic that makes social hierarchy seem natural. Just as the patriarchs rule the family, the elites of the nation-state rule their citizens. Consequently, when colonists first came to the Americas, they saw the necessity of

instilling patriarchy in Native communities because they realize that indigenous peoples would not accept colonial domination if their own indigenous societies were not structured in the basis of social hierarchy. Patriarchy, in turn, rests on a gender-binary system; hence it is not a coincidence that colonizers also targeted indigenous peoples who did not fit in this binary model. (…) It is through sexual violence that a colonizing group attempts to render a colonized peoples inherently rapable, their lands inherently invadable, and their resources inherently extractable (Smith 61).

De esta forma el concepto de dominación de las gentes se extiende al de dominio del territorio, concepto inexistente en el imaginario indígena. Para los nativo-americanos la tierra no es una propiedad, sino una responsabilidad de la que hay que hacerse cargo. A partir de la colonización la tierra se estructura, se urbaniza y se utiliza, como ya hemos explicado, para regularizar la sexualidad de los nativos. De esta forma la heteronormatividad cobra forma en el espacio, y se reproduce hasta nuestros días.

A pesar de que la heterosexualidad está inscrita en los espacios públicos y privados como la ideología dominante, los actos de transgresión de las sexualidades marginales son cada vez más "públicas", es decir, más visibles. Nancy Duncan explica cómo el proceso de naturalizar la heterosexualidad significa imponerse a sí mismo la incapacidad de verse como "El otro" en su propio entorno. Fallar al reconocer tu propia diferencia como heterosexual es un acto significativo. Lleva hacia la heterosexualicación del espacio (…) Por esto la autora sugiere que las prácticas gay y lesbianas que potencialmente desnaturalizan la sexualidad de los espacios públicos serían más efectivas si fueran ampliamente publicadas. Si fueran más explicitas y legibles, la lucha por la sexualidad sería más visible para la población hetero (Duncan 138). De esta forma, a través de actos públicos organizados e individuales –marchas, desfiles del orgullo gay, protestas públicas, *performance art* y teatro callejero, así como comportamientos abiertamente homosexuales como besarse en público– la población homosexual se está haciendo cada vez más visible en el espacio público y desestabilizando así las normas articuladas. Este tipo de comportamientos son inherentes a la organización del espacio, y se han sucedido desde el comienzo de la colonización. La imposición de una nueva estructura social y espacial fue un proceso largo y discutido. Pueden rastrearse ejemplos de esta negociación en el espacio a través de historias orales y escritas a lo largo de los últimos siglos. Estos escritos, como artefactos culturales, contribuyen así mismo a la negociación y a la creación de espacios no heterosexuales, descolonizando así la sexualidad a través de la literatura.

Para concluir, es importante entender que el proceso de colonización en América supuso un cambio organizativo, estructural y social que subyugó las identidades no heterosexuales. A pesar de la implantación del imaginario religioso, las prácticas sexuales divergentes han continuado hasta nuestros días, marginadas y sometidas a una sociedad heteronormativa. Mirar hacia otras culturas nos puede ayudar a ver cómo una sociedad más inclusiva para las sexualidades marginales es posible. De la misma manera, replantearnos la organización y estructura espacial que refuerza los patrones culturales heteronormativos contribuye a la desarticulación de dicha marginalidad. Los autores estudiados en los próximos capítulos, Anzaldúa, Moraga y Rechy, descolonizan la sexualidad renegociando su espacio como sexualidades marginales dentro de la cultura chicana y de una sociedad eurocentrista.

CAPÍTULO II
El indigenismo como herramienta escolonizadora en la obra de Gloria E. Anzaldúa

CAPÍTULO II EL INDIGENISMO COMO HERRAMIENTA DESCOLONIZADORA EN LA OBRA DE GLORIA E. ANZALDÚA

Una de las técnicas de descolonización que podemos hallar dentro del corpus literario chicano es el indigenismo. Gloria Anzaldúa, entre otros autores chicanos, destaca por su estrecha relación con la corriente indigenista dentro de este grupo. Podemos rastrear dicha corriente hasta los comienzos del Movimiento chicano. Es importante definir en primer lugar lo que se entiende por indigenismo chicano. Según Paula Straile-Costa podemos definir el indigenismo dentro del movimiento chicano como la valoración de los derechos indígenas y de sus creencias tradicionales (85). Este indigenismo no es por lo tanto una réplica de las tradiciones nativo-americanas, sino una reinterpretación de estas tradiciones con una finalidad política, una desconstrucción y reconstrucción de dicha herencia con un propósito de lucha social.

"El Plan de Aztlán", presentado en la Conferencia de Liberación Juvenil Chicana en 1969, es uno de los textos fundacionales del Movimiento chicano, y en él encontramos el comienzo del indigenismo en su literatura. "El plan espiritual de Aztlán" establece las bases para la organización del Movimiento y sus metas. Estas bases se resumen en la mejora económica y social del mexicoamericano sin perder su herencia cultural, destacando sobre todo su origen indígena. Alrededor de este período autores como Jack Forbes, Luis Leal, Armando Rendón, Alurista o Rodolfo Corky Gonzales comienzan a utilizar mitos y tradiciones nativo-americanas junto con otra serie de recursos literarios que ligan a la comunidad chicana con una identidad indígena. En su obra *Aztecas del norte* (1973) Forbes establece el origen indígena de los chicanos: "The ancestry of the above groups [Mexican-americans, mexicanos] has one common denominator: they all possess Mexican Anishinabe (Indian) descent to some degree. It is from this common Mexican (ancient Nahua-Aztec) background that the basis for modern Mexican and Mexican-American identity is derived" (13). El reclamo explícito de la herencia indígena que hace Forbes en este apartado no es el único ni el más común dentro de la literatura chicana. Los rasgos raciales, el idioma, la relación con la tierra, son otros ejemplos de cómo establecer un nexo entre la identidad indígena y la chicana dentro de la literatura. Entre todos ellos, el más relevante y probablemente más explotado es el mito de Aztlán. Aztlán es en la mitología nahua el territorio del que originaron los aztecas, quienes guiados por su dios Huitzilopochtli llevaron a cabo un peregrinaje hacia lo que sería Tenochtitlan. La ubicación exacta de este lugar de origen es desconocida y discutida ampliamente por diferentes críticos e historiadores. Sin embargo, para los autores y críticos chicanos que contribuyen a la creación del mito de Aztlán, este territorio se corresponde con el suroeste de Estados Unidos. Luis Leal, escritor y crítico chicano, define Aztlán en los siguientes términos:

> As a Chicano symbol, Aztlán has two meanings: first it represents the geographic region known as the Southwest of the United States, composed of the territory that Mexico ceded in 1848 with the Treaty of Guadalupe Hidalgo; second, and more important, Aztlán symbolizes the spiritual union of the Chicanos, something that is carried within the heart, no matter where they may live or where they may find themselves (Leal 7).

Por lo tanto, Aztlán es un nexo de unión, no solamente entre los individuos chicanos, sino también con el territorio exonerado por los Estados Unidos a partir de 1848: Arizona, California, Colorado y Nuevo México. Esta unión histórica con el territorio que es habitado principalmente por población mexicoamericana otorga a los defensores de este mito un origen ancestral en el lugar donde son desprestigiados. Este desprestigio se ha realizado a lo largo de los años a través de la denigración de la herencia cultural y racial indígena en las personas de descendencia mexicana dentro de Estados Unidos. Como realidad social, la discriminación sufrida por parte de esta población es recogida por autores como Alberto Baltazar Urista Heredia, también conocido como Alurista. En su preámbulo de "El Plan", y en obras como *Nleaationchild Plumaroja* (1972) y *Floricanto de Aztlán* (1976). Alurista, al igual que otros autores chicanos, importa conceptos espirituales y filosóficos indígenas al contexto chicano, ajustándolos al servicio de la agenda del movimiento para alentar a la comunidad chicana y proveerla con las herramientas necesarias para desafiar el estatus quo opresor. Así el autor está desbancando la discriminación hacia la herencia indígena, y convirtiéndola en reclamo para la confrontación social.

Forbes enfatiza que, a pesar de la herencia indígena, la jerarquía social establecida en tiempos coloniales según el color de la piel es un referente que no facilita al mexicano identificarse como tal. Hay más identificación como mexicano, que como español o como indígena, a pesar de que la identidad mexicana es ficticia (188). Según la genética de los mexicanos, su identidad debería basarse más en los diferentes grupos indígenas que en una unidad mexicana que no tiene bases comunes. Es difícil, por tanto, llegar a una sola definición del término mexicoamericano, pero sí podemos afirmar que la identidad mexicoamericana está ligada a una identidad indígena, que pese a ser de orígenes diferentes comparte más características entre sí que con la cultura europea.

Otros autores como Armando Rendón y su *Chicano Manifesto* (1971), o Rodolfo "Corky" Gonzales con su poema *I am Joaquín/Yo soy Joaquín* (1967) o *El Plan del Barrio* (1968) también recurren a un pasado indígena para instilar orgullo racial y cultural a la vez que recuperan una historia que ya existía antes de la conquista española y antes de la conquista estadounidense. De esta forma, los chicanos pretenden descolonizar su estatus de inmigrante en su propio territorio. La misma Anzaldúa contribuye a esta descolonización en *Borderlands*, donde escribe reiteradamente: "This land was Mexican once, /Was Indian always, and is. /And will be again" (25, 113). Aquí la autora otorga la propiedad del suroeste estadounidense a los mexicanos por encima de conquistas, colonizaciones y tratados. Esta unión entre territorio y oriundos responde a la concepción indígena de la relación entre ser humano y su entorno. En su obra *Lighting the Seventh Fire* (1994) David Peat explica cómo para los indígenas el ser humano es parte de un sistema natural en el que ha de convivir en armonía con todos sus elementos (117-118). Rudolfo Anaya también retoma este concepto de la cosmogonía indígena en su obra *Bless Me, Última* (1972), donde la relación con la tierra y la espiritualidad indígena son temas principales. Estas obras crean entonces un vínculo con la tierra que según la percepción indígena no puede ser quebrado. De ahí que la conexión con el territorio conocido como Aztlán vincule directamente a los chicanos –como descendientes de indígenas– con el territorio que ocupan, el suroeste de Estados Unidos.

El elegir Aztlán como el mito para esta conexión hace que sea la herencia azteca la que prevalezca sobre los demás orígenes indígenas. Pero hay que ser consciente de que esta no es la única entre los chicanos. Una de las ideas principales de la obra de Forbes es que este origen indígena del chicano es variado, y por tanto, la homogeneidad en el contexto chicano no existe. Los chicanos son mexicoamericanos por sus circunstancias históricas, pero si buscamos sus raíces, cada uno proviene de una etnia o grupo indígena diferente. La colonización es la que marcó las fronteras actuales en el continente americano. Las disputas entre España y Estados Unidos primero, y México y Estados Unidos después, son las que delimitan las diferentes fronteras históricas. De esta forma, se pretende homogeneizar los diferentes grupos indígenas bajo el imperio español y se crea México. Pero México, de acuerdo con Forbes, no tiene unidad nacional, si no que la multitud de identidades es lo que domina en el país (yaquis, tarahumaras, mayas, otomís, mixtecos, etc.) con sus propias culturas y lenguas diferentes (74, 149). Sin embargo, tras una campaña nacional importante después de la Revolución mexicana, la idea de mestizaje gobierna México por encima del indigenismo, como parte de la unidad nacional. Por tanto, la cuestión de la identidad mexicoamericana es complicada, partiendo de la heterogeneidad de la propia herencia mexicana. Lo que es un hecho es que casi el 80% de la genética de los mexicanos es indígena, no europea, ni española, por lo que, a efectos prácticos, debe considerarse como tal (151). Posteriormente a la creación del estado mexicano se modifican sus fronteras, excluyendo parte de su población y convirtiéndola en mexicoamericanos, hoy en día ciudadanos americanos. A estos se unen posteriormente inmigrantes, venidos de diferentes regiones de México. Se produce así un crisol de culturas, etnias, orígenes, dentro de la sociedad chicana. Forbes establece un punto en común ancestral para todos ellos: Aztlán (13). Para Forbes, "Aztecas del norte" componen una tribu fundada en Estados Unidos. Se compone de chicanos, mexicoamericanos, mexicanos o hispanos. Pero todos tienen un denominador común: todos poseen una herencia indígena de una u otra forma. Esta herencia indígena es la que permite identificarlos como hijos de Aztlán. Esta idea, como veremos más adelante, la retoma Cherríe Moraga en su ensayo *Queer Aztlán*.

Pero si hay tanta variedad indígena en los orígenes chicanos, ¿por qué ha primado la cultura azteca entre todas las demás? En parte, puede deberse a la importancia del mismo mito de Aztlán. Al establecerse la conexión territorial el chicano deja de ser extranjero en su propia tierra y puede entonces demandar la igualdad de derechos que reclama. Por otra parte, la grandeza de la civilización azteca y su riqueza histórica, hacen que sobresalga por encima de las demás tribus indígenas. La variedad genética de los chicanos, como menciona Forbes, puede explicar el reclamo y apropiación de valores indígenas por parte de este grupo estadounidense. Sin embargo, la falta de consistencia en la elección de estos valores hace que nos planteemos si no estamos ante un caso más de primitivismo. De acuerdo con Contreras la corriente primitivista tiene su origen en el siglo XIX, cuando autores europeos veían las tradiciones y valores indígenas como una alternativa a la sociedad en la que vivían. Esta corriente se apropia de ciertos aspectos culturales nativo-americanos para ofrecerlos como una mejor alternativa a la "civilización" occidental (18). Si consideramos que el indigenismo chicano pretende ofrecer alternativas ante una sociedad que los oprime, podemos decir que estamos ante un caso de primitivismo. Pero en el caso chicano, considerar su indigenismo como parte de la dinámica primitivista es problemático, ya que sí es posible establecer una herencia genética y cultural indígena, y no se trata simplemente de una apropiación de valores por parte de una cultura ajena. Por ejemplo, Anzaldúa pretende a través de su indigenismo reconstruir ciertas estructuras sociales para incorporar patrones de comportamiento indígenas en los que su condición religiosa, sexual y racial no sea excluida. Sin embargo, la autora no se limita a una herencia indígena azteca, o tarahumara, o de cualquier otro grupo, si no que escoge diferentes conceptos de diferentes grupos para llevar a cabo una descolonización de su condición como mujer, chicana y lesbiana en una sociedad heteronormativa y patriarcal.

Este aspecto del indigenismo ha sido llevado a su máximo exponente en la corriente feminista del Movimiento. Como autoras relacionadas con el feminismo del tercer mundo (*Third World Feminism*), las escritoras chicanas critican la opresión y exclusión social que en ellas produce el eurocentrismo de la cultura anglosajona. Su crítica se enfoca en el feminismo occidental, por la exclusión de la experiencia de mujeres de países del tercer mundo o la falta de reconocimiento a la existencia de feminismos indígenas. Según Anzaldúa, el problema con las críticas feministas es que interpretan la cultura nativa a través de un cristal patriarcal, que no les deja entender la realidad de las naciones nativo-americanas (234). Pero su escisión de los valores del Movimiento radica en su oposición al patrón falocéntrico chicano. Estas autoras van a desarticular el rol de la mujer chicana sometido al machismo cultural mexicoamericano.

De acuerdo con la crítica Chela Sandoval, el modelo de *Third World Feminism* puede clasificarse dentro de lo que ella identifica como *oppositional consciusness*. Según esta crítica, los grupos en oposición al régimen dominante son capaces de desafiar y transformar los aspectos opresivos de identidad y orden social. Para ello estos grupos deben buscar conscientemente una liberación efectiva del orden dominante. Siendo consciente de esa búsqueda el sujeto es capaz de romper con la ideología dominante (Sandoval 4.2.3). Con este propósito, algunas escritoras feministas chicanas, como Anzaldúa, se incorporaron al discurso indigenista, sometiéndolo a ciertos cambios que les sirven para oponerse no solo al machismo y falocentrismo del Movimiento chicano, sino también a la opresión racial y sexual de la cultura estadounidense. Estas autoras retoman ciertos valores olvidados por el indigenismo masculino, y los utilizan para denunciar la opresión que sufren como mujer, chicana, y en casos como el de Anzaldúa, lesbiana. Así, en la obra de esta autora podemos encontrar una continuación de los motivos indígenas usados en el Movimiento (Aztlán, exaltación de rasgos indígenas, herencias culturales, etc.) a la vez que una fuerte crítica a las relaciones de poder, el patriarcado y la discriminación que estos provocan. Entre los motivos indígenas que encontramos en la obra de Anzaldúa destacan: 1) el concepto de espiritualidad, 2) la reinterpretación de las deidades aztecas y 3) la recuperación de la identidad sexual indígena. Pese a poder clasificar estas ideas, hay que indicar que todas ellas se entrelazan en un trabajo impregnado de valores indígenas que reclaman una mejora de la sociedad actual.

2.1. La espiritualidad en la obra de Gloria E. Anzaldúa

La espiritualidad indígena es uno de los principales rasgos de ciertas artistas y escritoras chicanas. De acuerdo con Laura Pérez, esta espiritualidad aparece en sus obras como un gesto de ofrenda para una mayor integridad, poder y justicia social (2). A través de la espiritualidad y concepción del mundo indigenista, estas autoras se diferencian del eurocentrismo académico y de lo que Linda Tuhiwai define como colonialismo intelectual, por lo que a través de esta espiritualidad se cuestiona y se reclama un espacio para la mujer chicana, descolonizando su identidad.

Uno de los primeros conceptos que podemos relacionar con la espiritualidad de Anzaldúa es el conocimiento. En "Now Let Us Shift ... The Path of Conocimiento ... Inner Work, Public Acts" (Anzaldúa y Keating, This Bridge) Anzaldúa presenta el concepto de *conocimiento* como un elemento descolonizador. Este *conocimiento* es alcanzado a través de la confrontación de las imposiciones sociales que han sido adquiridas desde nuestra infancia. A través de esta confrontación te liberas de dichas imposiciones, y te sitúas en lo que ella denomina *Nepantla* "the overlapping space between different perceptions and belief systems" (Anzaldúa y Keating, This Bridge 541). Nepantla es un término náhuatl que significa tierra en medio. Este lugar simboliza el momento en el que acepta su espiritualidad y utiliza todos sus sentidos para percibir diferentes visiones de la realidad, tanto interiores como exteriores y cómo colapsan entre ellas. Anzaldúa enfatiza que para alcanzar el conocimiento necesitamos conectar cuerpo, mente y espíritu, y abrir todos nuestros sentidos ante cualquier nueva experiencia. A través de esa conexión comienza el proceso de adquisición de conocimiento, el cual es continuo a lo largo de nuestra vida. Este concepto de adquisición progresiva de conocimiento se corresponde con la percepción nativa del conocimiento que David Peat recoge en su obra *Lighting the Seventh Fire* (1994). Además del contraste entre las dos concepciones de conocimiento (europea-indígena), en la obra de Peat también encontramos referencia a la conexión cuerpo-mente-espíritu, ya que al igual que en Anzaldúa también es uno de los fundamentos principales de las culturas nativo-americanas. Esta conexión entre lo espiritual y lo corpóreo es el punto de partida de Anzaldúa para alcanzar ese conocimiento. Partiendo de estas ideas indígenas está descolonizando el conocimiento impuesto por la sociedad occidental colonizadora. La autora está haciendo un llamado a la conexión nativo-americana con el mundo que nos rodea y nuestro mundo interior, de manera que podamos alcanzar este conocimiento y desligarnos de las ataduras de la sociedad actual que son impuestas socialmente y hacer de nuestro mundo interior una herramienta para el cambio social. Anzaldúa apela a la resistencia de las imposiciones creadas por aquellos en el poder.

El segundo aspecto de la espiritualidad de Anzaldúa lo encontramos en *Borderlands*, donde la autora se autoidentifica como un *nahual*, un agente de cambio, ya que vive constantemente en una ambigüedad. De esta forma, la autora se proclama capaz de transformar y modelar la energía principal y cambiarse a sí misma y a otros en otras formas de la naturaleza (Pérez, Chicana Art 30). Esta idea cobra forma en la historia titulada "El paisano is a bird of good omen" (2009). El cuento, titulado originalmente "La boda", es protagonizado por Andrea, una joven que personifica el concepto *queer* de la autora junto con su visión filosófica del ser y su conexión con su entorno. La protagonista es una joven homosexual atrapada en un rancho y sometida por las convenciones sociales que le rodean. La joven acuerda con otro joven del lugar, también homosexual, casarse para acomodarse a las expectativas que ambas familias tienen en ellos. En el día de su boda Andrea se inhibe de su realidad: "The limits of her body stretched beyond her skin, she flows out like a sheet, encompassing, covering trees, people, everything around her" (Anzaldúa y Keating, *The Gloria Anzaldúa Reader*). A través de su conexión con la tierra y los animales que le rodean, convirtiéndose en ellos, ejerce su poder como nahual, escuchando y observando todo lo que sucede en el rancho en ese mismo momento, así como lo sucedido en el pasado y lo que va a acontecer en el futuro. De esta forma Andrea es capaz de escapar de su propia boda, de los comentarios de los invitados y de las convenciones sociales a las que su madre pretende someterla, como su propia boda. "When she wants to be *gone*, to be *that*, all she has to do is look carefully, focus steadily on something and she takes leave of herself" (Anzaldúa y Keating, *The Gloria Anzaldúa Reader* 58). De esta forma, Anzaldúa continúa su conexión entre espiritualidad, tierra, feminidad y sexualidad desarrollada en obras como *Borderlands*.

Pese a ser un elemento recurrente en muchos artistas chicanos, la espiritualidad del indigenismo chicano es el aspecto que más se ha criticado. Son muchos los autores que refieren el eurocentrismo académico como traba al desarrollo del análisis indigenista chicano (Tuhiwai, Pérez, Contreras, Aldama & Quiñonez, etc.). Estas críticas provienen en parte de un sector académico que duda de la eficacia del indigenismo como agente de cambio social. No obstante, la espiritualidad indígena dentro del movimiento feminista chicano es una de las técnicas descolonizadoras más recurrentes y versátiles. De acuerdo con Anna Louisse Keating:

> Negar la política espiritual de *Borderlands* anula algunos de los elementos más innovadores del texto como herramientas para el cambio social. Por ejemplo, la visión holística de Anzaldúa le permite a la autora desarrollar una teoría de relación consigo misma que ofrece una alternativa importante a las formas tradicionales de híper-individualismo. Al definir a cada ser humano como parte de una totalidad cósmica, Anzaldúa desarrolla la justificación teórica y la motivación uniendo la auto-reflexión y el auto-cambio con la transformación social. Y enmarcando a cada individuo dentro de este gran contexto, puede forjar puntos en común sin ignorar las múltiples diferencias existentes entre todos (…) Este acercamiento a los puntos

en común sin eludir las diferencias desafía las categorías basadas en la concepción simplista del género, etnicidad, raza, clase, sexualidad y otras etiquetas sociales (Anzaldúa).

Keating hace referencia al pensamiento eurocentrista y su carácter racional para evitar el reconocimiento del indigenismo y su espiritualidad como herramienta del cambio social. No obstante, la espiritualidad en el indigenismo de Anzaldúa representa una forma de desarticular las categorías de identidad impuestas socialmente, es decir, descoloniza estos conceptos y ofrece una visión holística del ser humano en la que el germen de la discriminación no tiene cabida.

2.2. La reinterpretación de las deidades aztecas

Mientras el origen patriarcal del movimiento favorecía el reclamo de las deidades masculinas, el indigenismo de las féminas ofrece la alternativa de desmitificar y remitificar las deidades femeninas para continuar con ese propósito de confrontar el estatus quo patriarcal del movimiento, por un lado, y al feminismo blanco por el otro. Las autoras chicanas apelan a los valores femeninos indígenas, arrollados en la sociedad azteca por un cambio estructural que dio paso a una sociedad guerrera. Esto provocó un cambio en la preferencia y adoración de las deidades. Anzaldúa establece el momento de este cambio hacia una sociedad patriarcal desde la peregrinación de Aztlán, conectando el patriarcado chicano con el mito:

> The changes that led to the loss of the balanced oppositions began when the Azteca, one of the twenty Toltec tribes, made the last pilgrimage from a place called Aztlán. The migration south began about the year AD 820. Three hundred years later the advance guard arrived near Tula, the capital of the declining Toltec empire. By the 11th century, they had joined with the Chichimec tribe of Mexitin (afterwards called Mexica) into one religious and administrative organization within Aztlán, the Aztec territory. The Mexitin, with their tribal god Tetzauhteotl Huitzilopochtli (Magnificent Humming Bird on the left) gained control of the religious system (Anzaldúa 54).

Este cambio organizativo en la cultura azteca favoreció la exaltación de valores patriarcales que hasta ese momento valoraba el balance entre lo masculino y lo femenino tanto en su estructura social como en la religiosa. Por un lado, se asociaba la madre tierra y la producción agrícola a lo femenino principalmente. Por otro lado, la caza y la fuerza física se asociaba a lo masculino. Con este cambio estructural, cobró valor la fuerza física y la capacidad de lucha, características asociadas a lo masculino, revirtiendo la estructura social y dando comienzo a una organización patriarcal. En el momento de la colonización, estos valores patriarcales coinciden con los valores católicos, por lo que se refuerza todavía más dicha estructura, que posteriormente heredará el Movimiento. Anzaldúa establece la conexión entre la trasformación hacia un patriarcado en la cultura indígena azteca, la colonización y la subyugación cultural de la mujer:

> The male-dominated Azteca-Mexica culture drove the powerful female deities underground by giving them monstrous attributes and by substituting male deities in their place, thus splitting the female Self and the female deities. They divided her who had been complete, who possessed both upper (light) and underworld (dark) aspects· Coatlicue, the Serpent goddess, and her more sinister aspects, Tlazolteotl and Cihuacoatl, were "darkened" and disempowered much in the same manner as the Indian Kali. (...) After the Conquest, the Spaniards and their Church continued to split Tonantsi/Guadalupe. They desexed Guadalupe, taking Coatlalopeuh, the serpent sexuality, out of her. They completed the split begun by the Nahuas by making la Virgen de Guadalupe /Virgen Maria into chaste virgins and Tlazolteotl/Coatlicue/La Chingada into putas; into the beauties and the Beasts. They went even further; they made all indian religious practices the work of the devil (Anzaldúa 49-50).

Sin embargo, en el resto de culturas indígenas de México no se produjo este cambio organizativo. En su obra *El México Profundo, una civilización negada* (1972) Bonfil-Batalla describe el rol de la mujer en la familia mexicana como base económica de la sociedad indígena. El antropólogo mexicano describe algunas funciones vitales de la mujer en la cultura indígena, como su función de trasmisora de cultura o su papel a la hora de tomar decisiones dentro de la comunidad. Es por esto que no podemos decir que las relaciones familiares en todas las culturas indígenas siguen patrones patriarcales. En estas comunidades el balance y la reciprocidad es el componente clave no solamente para la estabilidad de la sociedad, sino para lograr un equilibrio cósmico. De este modo no se enfatiza la figura de unos componentes de la familia en detrimento de otros. Un ejemplo actual lo encontramos en la cultura Zapoteca y la organización social en Juchitán, Oaxaca, donde hombres y mujeres tienen su papel bien definido dentro de la estructura social, y patriarcado y matriarcado conviven en constante lucha.

No obstante, pese a esta realidad en muchas culturas indígenas, el paradigma de sociedad guerrera de los mexica destituyó a la mujer en la cultura azteca y muchos de los mitos y leyendas comenzaron a dar más importancia a figuras masculinas (Huitzilopochtli) que a las femeninas (Coatlicue) tras el periodo postclásico. Anzaldúa retoma estos mitos y leyendas enfatizando el elemento femenino perdido en la historia patriarcal. Este es el caso de Coatlicue, la diosa madre, energía femenina, y su hija Coyolxhauqui. Según el mito, Coyolxauhqui y sus hermanos, los cuatrocientos surianos, planearon asesinar a su madre, Coatlicue, porque estaba embarazada de Huitzilopochtli, el dios de la guerra. Al llegar donde Coatlicue se encontraba, esta dio a luz a Huitzilopochtli, quien nació vestido de guerrero y armado, listo para defender a su madre. Venció a sus hermanos, decapitó a su hermana y la arrojó montaña abajo, por lo que su cuerpo quedó desmembrado. Coyolxauhqui se convirtió en la luna y los demás guerreros vencidos, en las estrellas. Coatlicue es por tanto la figura madre azteca, progenitora de Huitzilopochtli, el sol. Es la madre tierra, dadora y recibidora de la vida. De acuerdo con muchas intérpretes feministas la historia del nacimiento de Huitzilopochtli marca un cambio en la historia azteca de un orden genocéntrico a uno endocéntrico, boicoteando simultáneamente el poder femenino (Keating 41), ya que como menciona Moraga en *Queer Aztlan* "The earth is female" (225), y Coatlicue es la madre tierra.

Anzaldúa retoma las diosas mesoamericanas para simbolizar tanto las limitaciones como los potenciales de la existencia de la mujer chicana. El cambio del indigenismo anterior radica en la utilización de estas diosas envilecidas como motor de exploración de los potenciales de la mujer chicana. Coatlicue se convierte en pieza fundamental del trabajo de la autora y de su crítica a los valores patriarcales del movimiento. En *Borderlands* la diosa aparece como Coatlicue y *the Shadow Beast*, representando la liberación de la sexualidad oculta de la mujer chicana. Anzaldúa recobra esta figura para darle un papel primordial en el desarrollo de su espiritualidad indigenista, y la utiliza para desarrollar uno de sus conceptos más importantes: *the Coatlicue State*. Este concepto define un estado de simultaneidad, pluralidad de identidades que causan conflicto, pero que nos permite movernos a niveles más altos de conciencia "simultaneously represents duality in life…and a third perspective-something more than mere duality or a synthesis of duality" (Anzaldúa 68). Este estado nos lleva según la autora a una profunda depresión, en la que nos sentimos apabullados por el conflicto que se nos presenta al confrontar esa pluralidad de identidades. En este estado de depresión es Coyolxauhqui la que nos recata de la depresión. Es lo que ella denomina *the Coyolxauhqui consciousness*. De esta forma Anzaldúa libera también a Coyolxauhqui de su sometimiento patriarcal dentro de la tradición indígena ("Let Us Shift…The Path to Conocimiento"), y de su papel relegado tras el ensalzamiento de la deidad Huitzilopochtli. Por lo tanto, la reivindicación de estas diosas está íntimamente ligada a la condición de mujer y lesbiana de la propia autora. A través de Coatlicue se une la descolonización de los mitos de las diosas aztecas a la descolonización de su propia sexualidad, como veremos a continuación.

Imagen 2. Coatlicue.
Fuente: adaptado de "The Coatlicue State Writing Exercise: Self-reflection, Narrative Inquiry, & Healing" por Rio Hondo College, 2015. CC0

2.3. La descolonización de la sexualidad

La sexualidad es por tanto otro eje que interactúa con la espiritualidad indigenista, al igual que las relaciones de género o raza, dentro de las obras feministas chicanas. Muchas escritoras chicanas apelan a sexualidades minoritarias para desarticular las relaciones patriarcales y homofóbicas que se suceden dentro del contexto chicano.

Anzaldúa critica la discriminación y el maltrato de las sexualidades desviadas dentro de la cultura chicana:

> The chicano, mexicano, and some Indian cultures have no tolerance for deviance. Deviance is whatever is condemned by the community. Most societies try to get rid of their deviants. Most cultures have burned and beaten their homosexuals and others who deviate from the sexual common. The queer are the mirror reflecting the heterosexual tribe's fear: being different, being other and therefore less, therefore subhuman, in-human, non-human (Anzaldúa 40).

Ante este panorama, la metodología indigenista que desarrollan varias de las autoras chicanas feministas es sobre todo parte de una práctica descolonizadora. Entre las obras más destacadas en este intento descolonizador se encuentra *Borderlands*. Paola Bachetta apunta en su introducción a la tercera edición de Borderlands: "Gloria opens a path for rethinking existence beyond the present forced silenced or racialized, sexual violence of all sorts, through cognitive decolonization" (Anzaldúa 104). Igualmente, Anna Louisse Keating enfatiza el proceso descolonizador que lleva a cabo la autora en su obra.

En Anzaldúa la descolonización de la sexualidad sigue diferentes metodologías. Podemos ver cómo la sexualidad divergente es representada de diversas maneras, pero la más reiterada es a través de la diosa Coatlicue, referida como su *Shadow Beast*. En su capítulo "The Coatlicue State/ la herencia de Coatlicue", la autora escribe cómo la diosa se apodera de ella, toma control de su ser y:

> someone in me takes matters into our hands, and eventually, takes dominion over serpent-over my own body, my sexual activity, my soul, my mind, my weaknesses and strengths. Mine. Ours. Not the heterosexual white man's or the colored man's or the state's or the culture's or the religion's or the parent's-just ours, mine (Anzaldúa 73).

Aquí, al igual que en el cuento "El paisano is a bird of good omen", la autora pierde control de su propio cuerpo, es dominada por la serpiente, quien controla sus movimientos y su sexualidad, contrastando con las convenciones sociales impuestas por "el hombre blanco heterosexual, o el hombre de color, o el Estado o la cultura o la religión de sus padres". Y a través de su conexión con la serpiente, controla ella su propia sexualidad.

El concepto de sexualidad que reclama Anzaldúa es propio de ciertas culturas nativo-americanas, pero no propiamente de la civilización azteca. En particular, la autora refiere el equilibrio de energías –masculina y femenina– de la cultura tolteca, anterior al cambio organizativo azteca:

> Before the Aztecs became a militaristic, bureaucratic state where male predatory warfare and conquest were based on patrilineal nobility, the principle of balanced opposition between the sexes existed. The people worshipped the Lord and Lady of Duality. Ometecuhtli and Omecihuatl. Before the change to male dominance,

Coatlicue, Lady of the Serpent Skirt, contained and balanced the dualities of male and female, light and dark, life and death (Anzaldúa 53-54).

Este concepto de dualidad es por tanto parte de su conceptualización de la diosa Coatlicue, y por ende de su propia homosexualidad. Destaca el hecho de que mientras Anzaldúa recurre a la cultura azteca para elaborar parte de su proyecto descolonizador, la conceptualización de sexualidad que utiliza para descolonizar la sexualidad no es tomada de la misma cultura. La idea de las energías complementarias, *Ometecuhtli* y *Omecihuatl*, proviene de sociedades indígenas anteriores a los aztecas. El motivo principal por el que se desecha la herencia azteca en este asunto es porque como ya hemos mencionado anteriormente en esta cultura la homosexualidad también puede que fuera fuertemente reprimida y castigada. La información actual sobre las relaciones homosexuales en el mundo mexica o azteca es contradictoria. Hay muchos indicios que hablan de una cultura homofóbica, pero posiblemente, como en todas las épocas del hombre, hubo épocas de mayor y menor tolerancia. Pete Sigal hace un estudio de las sexualidades marginales en el imperio azteca en su obra *The Flower and the Scorpion: Sexuality and Ritual in Early Nahua Culture* (2011). De acuerdo con Sigal, los mexica no concebían las actividades homosexuales necesariamente pecaminosas (178). Los estudios contemporáneos al respecto resultan conflictivos a la hora de determinar la homosexualidad entre los nahuas pre y post conquista. Algunos estudiosos del tema creen que era penado y castigado (López Austin, Quezada), otros que formaban parte de las estructuras sociales de los grupos nativos (Trexler, Klein, Kimball), y otros que eran parte de las estructuras ritualistas religiosas (Taylor) (Sigal 178). Sea como fuere, el concepto de homosexualidad que recupera Anzaldúa es anterior. Este concepto es utilizado para descolonizar su sexualidad, al igual que lo usa para reclamar un espacio social para la población *queer* dentro del contexto chicano y de la cultura eurocentrista. Es decir, los utiliza para renegociar el espacio social de las sexualidades marginales:

> There was a muchacha who lived near my house. La gente del pueblo talked about her being una de las otras, "of the Others." They said that for six months she was a woman who had a vagina that bled once a month, and that for the other six months she was a man, had a penis and she peed standing up. They called her half and half, mita´y mita´, neither one nor the other but a strange doubling, a deviation of nature that horrified, a work of nature inverted. But there is a magic aspect in abnormality and so-called deformity. Maimed, mad, and sexually different people were believed to possess supernatural powers by primal cultures magico-religious thinking. For them, abnormality was the price a person had to pay for her or his inborn extraordinary gift. / There is something compelling about being both male and female, about having an entry in both worlds. Contrary to some psychiatric tenets, half and halfs are not suffering from a confusion of sexual identity, or even from a

confusion of gender. What we are suffering from is an absolute despot duality that says we are able to be only one or the other. It claims that human nature is limited and cannot evolve into something better. But I, like other queer people, am two in one body, both male and female. I am the embodiment of the *hieros gamos*: the coming together of opposite qualities within (Anzaldúa 41).

La discriminación hacia las sexualidades desviadas surge en la dicotomía eurocentrista entre lo masculino y lo femenino. Por esto, Anzaldúa reclama el concepto indígena de complementariedad para desarticular la herencia discriminatoria, así como destaca el carácter sagrado de las personas homosexuales en diferentes culturas nativo-americanas. El espacio en el que Anzaldúa inserta su sexualidad, género y raza es representativo de su intento de mantener la individualidad dentro de un espectro plural. En este aspecto, la autora critica el espacio al que se ha relegado las sexualidades divergentes, pero refiere a esta parte de la población como el germen revolucionario que es agente de cambio en la sociedad actual:

Asombra pensar que nos hemos quedado en ese pozo oscuro donde el mundo encierra a las lesbianas. Asombra pensar que hemos, como feministas y lesbianas, cerrado nuestros corazones a los hombres, a nuestros hermanos los jotos, desheredados y marginales como nosotros. Being the supreme crossers of cultures, homosexuals have strong bonds with the queer White, Black, Asian, Native American, Latino (…). Our role is to link people with each other (...). It is to transfer ideas and information from one culture to another. Colored homosexuals have more knowledge of other cultures; have always been at the forefront (although sometimes in the closet) of all liberation struggles in this country; have suffered more injustices and have survived them despite odds. Chicanos need to acknowledge the political and artistic contributions of their queer. (...) The mestizo and the queer exist at this time and point on the evolutionary continuum for a purpose. We are a blending that proves that all blood is intricately woven together, and that we are spawned out of similar soils (Anzaldúa 106-107).

Por tanto, la homosexualidad para la autora no es tanto un factor discriminatorio, sino más bien un nexo de unión entre diferentes individuos de culturas diferentes, todos con un propósito común, trabajar por una sociedad más equitativa, en la que se reconozca abiertamente el trabajo desempeñado por estos sujetos.

Para concluir, es necesario apuntar que el indigenismo chicano es complejo, cultural y construido con una finalidad determinada (Contreras 32). Podemos decir que ante su carácter anticolonialista y antiimperialista, el indigenismo chicano es un proyecto para descolonizar ciertos conceptos sociales establecidos. Por un lado, el indigenismo temprano pretende desarticular la discriminación racial y económica de la población mexicoamericana. Por otro lado, las feministas chicanas −además de continuar el proyecto inicial− pretenden descolonizar los conceptos de género y sexualidad que les han sido impuestos.

CAPÍTULO III

La descolonización de la sexualidad en la obra de Cherríe Moraga

CAPÍTULO III   LA DESCOLONIZACIÓN DE LA SEXUALIDAD EN LA OBRA DE CHERRÍE MORAGA

Cherríe Moraga nació en la ciudad de Los Ángeles en 1952 de madre mexicana y padre estadounidense, heredando los rasgos físicos de su padre. La autora se autodenomina "La Güera", término que describe su apariencia anglosajona y que utilizaba su familia mexicana para describirla. La importancia de la familia en la escritura de Moraga se hace visible a lo largo de toda su obra e influye de manera importante en sus escritos. Poeta, escritora de teatro, ensayos, editora, profesora y activista, Moraga no difiere entre la vida personal y la profesional, impregnando sus textos de sus experiencias vitales y de su percepción del mundo. El hecho de heredar una apariencia anglosajona, en lugar de una mexicana, facilitó su vida en Estados Unidos, sin embargo, fue un obstáculo a la hora de conectar con su cultura hispana. Quizá por este hecho Moraga sintió la necesidad de probar su "chicanismo" a través de su escritura, donde denuncia el rechazo vivido dentro de su propia cultura mexicana y dentro de la cultura estadounidense. Dicho rechazo se convierte en el germen de su ideología como autora chicana y lesbiana.

Entre sus obras más destacas encontramos la coedición de uno de los libros revolucionarios entre las autoras del conocido movimiento *Third World Feminism*, *This Bridge Called my Back*: *Writings by Radical Women of Color* (1981). Pero es en teatro en lo que Moraga ha dedicado la mayor parte de su profesión. Entre sus obras de teatro más importantes encontramos *Giving up the Ghost* (1986), *Heroes and Saints and Other Plays* (1994), *The Hungry Woman* (2001), and *Watsonville/Circle in the Dirt* (2002). Finalmente, entre su narrativa íntima y personal destacan obras como *Loving in the War Years: Lo Que Nunca Pasó Por Sus Labios* (1983), *The Last Generation* (1993), and *Waiting in the Wings* (1997). Todas estas obras mezclan sus vivencias personales, su ideología como mujer chicana y lesbiana y un ápice de denuncia política a las diferencias sociales por las que ella se ha sentido marginada. Moraga reclama explícitamente una descolonización del cuerpo femenino, de la cultura chicana y de la sexualidad: "But it is historically evident that the female body, like the Chicano people, has been colonized. And any movement to decolonize them must be culturally and sexually specific" (Queer Aztlán 213). Para estudiar la descolonización de la sexualidad que realiza Moraga a través de esa mezcla de vivencias, ideología y activismo, es imprescindible entender su concepto de indigenismo, y cómo este influye a la hora de deconstruir conceptos coloniales como el patriarcado, la familia, el papel de la mujer en la sociedad, la sexualidad y su propia identidad como escritora.

3.1. Descolonización del patriarcado chicano

Moraga retoma las palabras de Ward Churchill en *Struggle for the Land* para definir el término "indigenista". De acuerdo con Churchill un indigenista es aquel que toma los derechos de los indígenas como una prioridad absoluta y recurre a sus tradiciones para funcionar fuera de la comunidad indígena (Moraga, *Queer Aztlan* 222). La autora refleja esta idea en su obra, y conecta el discurso de Churchill con el de Jackes Forbes. Para ella, el simple hecho de provenir de una cultura como la mexicana donde el porcentaje de herencia indígena es elevado, hace que la mayoría de los chicanos sean indigenistas, sin siquiera ser conscientes de ello. Ahora bien, ante el debate de si el uso de esas tradiciones es una apropiación indebida de la herencia cultural indígena, Moraga refiere la conexión con la tradición nativo-americana explicando la lucha conjunta que tanto nativos americanos como chicanos han venido desarrollando desde principios de los años setenta. Esta colaboración ha favorecido la aceptación de los chicanos como una tribu, de manera honorífica, por parte de otros grupos nativos americanos (*Queer Aztlan* 22).

Si consideramos solamente los factores antropológicos es imposible definir a los chicanos como una tribu indígena, pero la presentación de los chicanos como nativo-americanos es parte del activismo político de la autora. Moraga retoma el discurso de Forbes sobre Aztlán para explicar el origen indígena de los chicanos. Para el autor, Aztlán se presenta como un espacio de conexión cultural entre los chicanos, un eje de esa tribu (p. 188). Moraga desarrolla esta idea exponiendo la diversidad dentro del propio Movimiento y cómo esta dificulta la aceptación de un grupo homogéneo unido.

Bruce Novoa recapitula la historia del Movimiento chicano como un movimiento de tradición masculina principalmente. Es cierto que el Movimiento requirió una homogeneidad ficticia en sus inicios para enfrentarse a un opresor común, la sociedad estadounidense. Este aspecto de homogeneidad ficticia determina los comienzos de la literatura chicana. Los textos de Moraga pueden leerse como una reacción al patriarcado chicano porque responden a esta exclusión inicial. Por esta razón el indigenismo de Moraga trata de ofrecer una alternativa social a los factores que oprimen diferentes identidades chicanas, a la vez que explora esa diversidad de identidades.

Con un *queer Aztlán* Moraga presenta su lesbianismo como motor revolucionario y toma de conciencia contra su cultura, religión, familia y Movimiento. Este *queer Aztlán* es una patria chicana donde todas las identidades chicanas son incluidas, también las diferentes sexualidades: "a chicano homeland that could embrace all its people, including its jotería" (*Queer Aztlan* 212). Para llegar a esta inclusión Moraga apunta a la necesidad de descolonizar el propio Movimiento:

> Chicanos are an occupied nation within a nation, and women and women's sexuality are occupied within Chicano nation. If women's bodies and those of men and women who transgress their gender roles have been historically regarded as territories to be conquered, they are also territories to be liberated. The nationalism I seek is one that decolonizes the brown and the female body as it decolonizes the brown and female earth. It is a new nationalism in which la Chicana Indigena stands at the center, and heterosexism and homophobia are no longer the cultural order of the day (Moraga, *Queer Aztlan* 213).

Como vemos, la autora sitúa en el centro de su activismo a la mujer chicana indígena, rechazando los patrones heterosexistas y homofóbicos de las culturas que le rodean: chicana y americana. Para la autora, la sociedad actual supone un sistema social y económico racista y misógino, el cual domina, empuja y abusa de todo aquello que sea de color, femenino o *queer*[1] Aztlán encierra para la autora una desunión, una discriminación, al no reconocer la diversidad identitaria dentro del mismo. Es por esto que Moraga utiliza el mismo mito para desmitificar ese territorio que, si pretende ser inclusivo para todos los chicanos, debe aceptar la variedad de identidades chicanas existentes, incluidas las sexualidades marginales:

> We seek a culture that can allow for the natural expression of our femaleness and maleness and our love without prejudice or punishment. In a queer Aztlán there would be no freaks, no others to point one's fingers at. My Native American friends tell me that in some Native Americans tribes, gay men and lesbians were traditionally regarded as two spirited people. Displaying both masculine and feminine aspects, they were highly respected members of their community, and were thought to possess a higher spiritual development. Hearing of such traditions gives historical validation for what Chicana lesbians and gay men have always recognized- that lesbians and gay men play a significant, spiritual, cultural and political role within the Chicano community (Moraga, *Queer Aztlan* 221).

En esta cita Moraga explica cómo en una *queer Aztlán* no existe la discriminación y además hace referencia al concepto de algunos grupos nativo-americanos de *two spirited people*, concepto que abarca las identidades gay y lesbiana[2]. Moraga indica cómo estas identidades eran respetadas dentro de la comunidad y eran concebidos como individuos con un desarrollo espiritual más elevado que el resto de las personas. Es por esto, según la autora, que las personas gay y lesbianas tienen un papel significativo, espiritual, cultural y político dentro de la comunidad chicana.

Moraga recurre al concepto indígena de *two spirited people* para ofrecer una alternativa a la tradicional dicotomía entre identidad heterosexual/homosexual y crear así un espacio para las identidades sexuales divergentes. Al reconocer un equilibrio entre el aspecto masculino y el femenino, Aztlán se convierte realmente en un nexo de unión entre todos los chicanos. A través de esta ideología, la autora descoloniza la sexualidad chicana, por un lado, y descoloniza el concepto inicial de Aztlán donde el machismo dentro del movimiento no permitía la inclusión de otras sexualidades.

3.2. El concepto de familia

Su oposición al patriarcado, y en cierto modo a la cultura machista chicana, se revela en otros temas en su escritura y su experiencia vital. Su propio concepto de familia está fuertemente influenciado por dicha oposición. Moraga hace una distinción entre familia de sangre y familia creada, su hogar, que es aquel construido por ella misma a través de sus relaciones personales. En *Waiting in the Wings* la autora refiere cómo creció con un concepto de familia basado en los lazos de sangre, pero tras admitir abiertamente su homosexualidad tuvo que buscar ese tipo de relación fuera de su clan. La necesidad de tener una familia es la que ha fundamentado sus relaciones personales y laborales, así como su trabajo como artista, activista cultural, y profesora. Moraga apela al concepto de familia como pluralidad –we–, por encima de la individualidad –I–, que es retomado de la tradición indígena (Moraga, Waiting in the Wings 17-18). Este concepto de familia es un eco no solo de la organización familiar indígena, sino también de la organización social tribal. En "Queer Aztlán" Moraga pone la vista en la organización social de algunos grupos indígenas, donde el modelo de familia no se basa en las relaciones heterosexuales ni en la primacía del género masculino sobre el femenino:

> In essence, however, the tribal model is a form of community-building that can accommodate socialism, feminism, and environmental protection. In an ideal world, tribal members are responsive and responsible to one another and the natural environment. Cooperation is rewarded over competition. Acts of violence against women and children do not occur in secret and perpetrators are held accountable to the rest of the community. "Familia" is not dependent upon male-dominance or heterosexual coupling. Elders are respected and women's leadership is fostered, not feared (Moraga, *Queer Aztlán* 222).

De esta forma, indigenismo, oposición al patriarcado, y feminismo se unen para ofrecer una alternativa de organización familiar y social donde identidades que no se corresponden con la heteronormatividad sean incluidas. Esta nueva organización familiar redefine no solo el tradicional concepto de familia, sino también el de cultura y comunidad ya que se basa en el modelo indígena: "With or without heterosexual acknowledgement, lesbians and gay men have continued to actively redefine familia, cultura, and comunidad. We have formed circles of support and survival, often drawing from the more egalitarian models of Indigenous communities" (Moraga, *Queer Aztlán* 221).

Cuando la autora busca la creación de su propia familia lo hace a partir de su identidad como chicana y lesbiana. A través de la inseminación artificial, Moraga consigue perpetuar su deseo de ser madre sin renunciar a su relación con su pareja que, en *Waiting in the Wings*, aparece con el nombre de *Ella*. Para poder llevar a cabo este proceso es necesario encontrar un donante, y Moraga lo busca dentro de su familia cultural. A continuación Moraga explica que eligió a un hombre por su cerebro y su bella piel morena, un hombre que la quería sin desearla carnalmente. Un hombre gay para un contrato *queer* en el que entre ellos se protegen, ya que la nación todavía no les protege (Moraga, *Waiting in the Wings* 39).

Con este hijo Moraga busca perpetuar "la raza" al elegir un padre chicano, pero a la vez desarticular el machismo al implantar una ideología divergente en su hijo y compartir su maternidad con su pareja. Moraga pretende desmontar el concepto de familia nuclear tradicional basado en un padre, una madre, y los hijos. Para ello ofrece un nuevo modelo en el que las sexualidades divergentes no son marginadas y pueden ser parte de la procreación: una madre, un padre y una comadre, que es quien realiza las funciones del segundo progenitor. Este nuevo concepto de familia es novedoso en ese momento, lo que se traduce en una serie de dificultades que no solamente se dan en el papel sino también en el día a día. Moraga, como madre biológica del recién nacido, goza de un reconocimiento natural por su entorno. Sin embargo, *Ella*, su compañera sentimental, es constantemente cuestionada (*Waiting in the Wings* 63).

Ella tiene que justificar quién es en el hospital cada vez que quiere saber cómo está su hijo, al no ser ni varón ni madre biológica, sino comadre. Moraga critica el hecho de que ni siquiera en San Francisco, ciudad a la vanguardia para la comunidad LGBT, el concepto de dos madres sea fácilmente entendible. La falta de consideración hacia la creación de su propia familia es un elemento que afecta a la autora, ya que pese a su activismo, su oposición a una sociedad patriarcal y su concepto de familia, la heteronormatividad es la tónica de la sociedad estadounidense. Para Moraga el proceso de desarticulación de los patrones establecidos no es fácil, y se frustra por ello. La autora está acostumbrada a este tipo de discriminaciones, pero sufre cuando su compañera sentimental es el objeto de ellas. Moraga nos cuenta cómo le enfurece el no poder proteger a *Ella* del dolor que le produce ser excluida constantemente del proceso de maternidad. La autora se culpa por no ser ella misma la que se encuentra en exclusión, ya que está acostumbrada, pero su pareja no. El problema surge cuando alguna de ellas se aleja de los roles tradicionales establecidos para las mujeres. *Ella*, con una apariencia fuertemente femenina, según la autora, nunca ha sido cuestionada por su sexualidad. Moraga, cuestionada por su apariencia, alcanza la conformidad y la aceptación al realizar una de las funciones biológicas y socialmente establecidas para la mujer— la maternidad (Moraga, *Waiting in the Wings* 76).

Como podemos ver, Moraga ejerce su activismo a la hora de formar su propia familia. La autora idealiza este concepto con connotaciones inclusivas y ejecuta sus ideas a través de su propia experiencia vital. Moraga tiene su hijo de un padre biológico elegido y una comadre, su compañera sentimental, formando una familia que rompe con los patrones tradicionales y negocia así un espacio para este nuevo concepto de familia. Pero este es un proceso doloroso y Moraga, consciente de ello, lo comparte a través de su escritura.

3.3. Tlamatinime

El hecho de que Moraga refleje esta discriminación en su literatura tiene que ver en primer lugar con su activismo como chicana y lesbiana, pero también es parte de su propia conciencia como escritora, o como ella se define, *tlamantinime*. Con su escritura, Moraga pretende apelar a una concientización que promueva un cambio social y que cure el dolor que provoca el choque de su identidad con la estructura social establecida. Como hemos visto, a lo largo de toda su obra la oposición al patriarcado y la reclamación de unos valores sociales más acorde con su identidad *queer* chicana son continuos. El trabajo de Moraga está impregnado por una profunda espiritualidad que es tomada en parte de la herencia indigenista del movimiento chicano femenino. A través de esta espiritualidad, la autora puede hacer frente a situaciones diarias duras, fruto del rechazo en la cultura que les rodea. Estas situaciones son recogidas en su escritura, a modo de denuncia, pero también como una forma de depurar el dolor que producen.

De acuerdo con Laura Pérez, tanto Anzaldúa en *Borderlands* como Moraga en "Codex Xeri" se consideran *tlamantinime* (productoras de códices de nuestro tiempo, pero también tiene la connotación de sabia guía espiritual), yendo más allá de los patrones eurocentristas de arte contemporáneo. Estas autoras ofrecen los códices como signos de una espiritualidad alternativa a las prácticas y conocimientos materiales

(Pérez, Chicana Art 28). Esta reclamación como autoras de códices enlaza la capacidad de los *tlamantinime* de curar a través de la escritura. De esta forma, Moraga utiliza sus obras como un ejercicio de autocuración.

En la introducción a *The Last Generation*, Moraga identifica su trabajo como el de un profeta que conecta el conocimiento del pasado con el tiempo moderno para construir el presente. La autora se identifica con la labor de los antiguos escribas mesoamericanos quienes unían la lírica y el pensamiento crítico para expresar la realidad. No hay entonces distinción entre poesía y ensayo, así como no la hay entre su arte y su activismo (Moraga, *The Last Generation* 4). Por lo tanto, la escritura de Moraga es un nexo de unión entre el pasado—la tradición indigenista—y el futuro—un futuro donde una mejora social para su identidad sea reflejada. A través de su escritura se ofrece un espacio de negociación entre ambas tradiciones, un espacio donde los binarios entre ensayo/poema, masculino/femenino, arte y activismo se convierten en complementariedad, ejerciendo su función como *tlamantinime*. La función del *tlamantinime* va más allá de la de un simple escribano (*tlacuilo*). Moraga toma este concepto de la cultura Mexica por su connotación de hombre o mujer sabio, así como la de agente de cambio. Walter Mignolo explica como *tlamantinime* alberga la connotación de sabio, capaz de interpretar el cielo, los libros, y las señales. El *tlamantinime* tenía una función social y un rango superior al *tlacuilo*, cuyo rango era de simple artesanos.

> Was the *tlamantinime* also a *tlacuilo*? Apparently not. Those who had the wisdom of the word were those who could "look" at the sky or at the painted books and interpret them, to tell stories based on their discerning of the signs. The oral narrative of the wise men seems to have had a social function as well as a rank superior to the *tlacuilo*, who was placed by Sahagún among those who were skilled craftsmen (Pérez, *Chicana Art* 27).

El hecho de que Moraga se autoidentifique como *tlamantinime* tiene mucha relación con su idea de ejercer una función social, ser el motor de un cambio en el que se construya una sociedad más inclusiva. Es así que a través de su escritura Moraga conecta sus experiencias vitales y su interpretación de las mismas como parte de su espiritualidad. Asimismo, las pone por escrito apelando a su función como *tlamantinime* para ejercer una curación del dolor que estas experiencias pueden producirle y, finalmente, suscitar a través de su escritura un cambio social. Podemos encontrar recurrentes ejemplos de este proceso en sus trabajos. En *Waiting in the Wings* leemos:

> But I am primed, too. Thinking of Rafaelito swollen beyond recognition. *Don't fuck with me tonight, boys.* We had already filled our complaints over earlier harassment,

called their supervisor who always seemed to enjoy the joke as much as they did, spoken with the ICN social worker, and in a few days I would write the obligatory letter to the hospital administrator. Pero, para nada. Nobody really gives a damn that two women have their baby in a hospital for over three months, not knowing if he is going to live or die, and they still have to endure insults from testosterone-driven homophobes with no power acting like they got some. (My class and race analysis don't do shit for me when the brothers are standing in the way of my child. The hospital was full of AIDS patients, and Ella and I often wondered how their lovers were treated when they came through the same door after-hours) (Moraga, *Waiting in the Wings* 76).

Aquí Moraga narra un incidente en el hospital donde nació su hijo, Rafael, como parte de una discriminación constante hacia las parejas homosexuales. A través de la escritura de este incidente, la autora revela un evento personal desde su perspectiva *queer*, denunciando un abuso, apelando al poder curativo de la escritura, y esperando un cambio social—el pasar de una sociedad donde las parejas homosexuales son discriminadas a una donde se acepten las diferentes sexualidades.

3.4. La fuerza femenina

Textos como el de Paula Gunn Allen "Who is your mother? Red roots of White feminism" (1986) o Laura Tohe "There is no Word for feminism in my language" (2001), explican el papel de las mujeres dentro de diferentes sociedades nativas, y desmitifican la subyugación de estas mujeres a los roles impuestos por el patriarcado. A través de estos textos se otorga el poder de las mujeres indígenas que se ha tratado de omitir en las diferentes ficciones históricas. Paula Gunn Allen pertenece a la sociedad keres en el área de Nuevo México. Este modelo social aboga por el genocentrismo, es decir, la casta de la madre es la importante y la que determina la identidad del sujeto. Se valora la feminidad, se respeta y se teme porque tienen papeles de peso en la estructura social (como el de matronas) y la determinan temas políticos tanto dentro de la familia como en la sociedad (194). Allen estudia cómo parte del papel de estas mujeres ha sido transmitir los valores y tradiciones a gran parte de la población americana, no solo la indígena. Estos valores se reflejan en la sociedad estadounidense actual en la denuncia del maltrato infantil, o la idea de una igualdad entre hombres y mujeres (198). Estas ideas, que en una primera etapa colonial eran consideradas rasgos de su carencia cultural, son hoy en día un reclamo de la sociedad actual. Por otra parte Laura, Tohe explica cómo el feminismo dentro de la cultura diné –en el suroeste de Estados Unidos– no es necesario, ya que la mujer no está subyugada (104). La cultura diné (navajo) es matrilineal ya que valora, honra, y respeta a las mujeres. Tohe cuenta la historia de cómo las mujeres de su clan han conservado las raíces de su linaje a pesar de todas las imposiciones institucionales que han sufrido a partir de la colonización (104). Como anuncia el título de su obra, no existe una palabra para el feminismo en su lengua. Las mujeres diné han trabajado siempre para mantener la familia. En concordancia con esta posición social femenina, *Changing Women* es la deidad principal en la cultura diné, a través de la cual se establece el sistema matriarcal existente (105). La cultura diné no divide los papeles en la sociedad a partir del sexo, sino por la edad, género, y el linaje del individuo. Las mujeres son preparadas por los demás miembros femeninos del clan para ser madres, pero esto tiene una connotación diferente que en la cultura occidental.

Al igual que en la cultura keres, la mujer también es responsable de transmitir la cultura y de enseñar a las generaciones más jóvenes. Por ejemplo, la celebración del proceso de cambio de niña a mujer, se celebra de forma que es un honor para la mujer, y no una vergüenza, como ocurre en la cultura eurocentrista, ya que la sexualidad es parte de esta transformación (107). En la sociedad diné, la mujer siempre ha trabajado y cuidado de sí misma, y no se espera que dependa de su marido o padre en ningún sentido. El marido pasa a ser parte de la familia de la mujer y el divorcio está permitido. También, el hombre puede casarse con más de una mujer, siempre que pida permiso a la primera y lo obtenga (108). Cuando estas mujeres dinés se conectaron con el movimiento feminista de los 70 descubrieron que la igualdad de las mujeres estaba concebida para las mujeres occidentales, no para ellas. Las mujeres dinés no necesitan luchar por una posición dentro de su sociedad porque ya la tienen (109).

Estos ejemplos de culturas matriarcales representan en parte la fuerza femenina a la que hace referencia Moraga, y en parte alimentan el concepto de feminidad de la autora. A lo largo de su obra, la importancia que Moraga atañe a las mujeres que la rodean refleja su pensamiento entorno a la feminidad. Esta importancia se basa en las propias relaciones familiares de la autora. En *Waiting in the Wings*, la obra que más revela sobre la maternidad, se hace constante referencia a la importancia de la mujer en las relaciones de familia. La autora habla de su propia familia, de la conexión y nexo de unión que suponía la figura matriarcal de su abuela (Waiting in the Wings 17). En sus palabras encontramos la importancia de la figura femenina como líder y nexo de unión en la familia, representando el matriarcado como ejemplo de organización familiar, en lugar del extendido patriarcado de la cultura mexicana y chicana, herencia del pasado colonial. Moraga conecta así su propia familia con una organización familiar más propia de la tradición indígena que de la europea. Poco después, la autora recurre a esta unión femenina para relatar uno de los momentos cumbre de la obra, el parto y nacimiento de su hijo Rafael rodeada de las mujeres de su familia (Moraga, *Waiting in the Wings* 54). Vemos aquí la conexión entre la importancia que otorga la autora a dar a luz rodeada de sus familiares femeninas y la tradición diné, donde estos momentos son vividos en comunidad entre mujeres, de forma que el conocimiento relacionado a ese momento es transmitido de unas a otras.

Otro aspecto de su escritura donde destaca la fuerza femenina y su conexión con el indigenismo es el rescate de mitos con divinidades aztecas. Mientras que Anzaldúa rescata la figura de Coatlicue, la madre tierra, Moraga se enfoca en su hija Coyolxauqui. El mito de Coyolxauhqui es relevante en su obra por su conexión con su activismo feminista y su indigenismo. Fray Bernardino de Sahagún recoge el comienzo de la leyenda de la siguiente forma:

> Según lo que dijeron y supieron los naturales viejos del nacimiento y principio del diablo que se dice Uitzilopuchtli, al cual daban muchas honra y acatamiento los mexicanos, es que hay una sierra que se llama Coatépec, junto al pueblo de Tula, y allí vivía una mujer que se llamaba Coatlicue, que fue madre de unos indios que se decían centzonuitznáoa, los cuales tenían una hermana que se llamaba Coyolxauhqui. Y la dicha Coatlicue hacía penitencia barriendo cada día en la sierra de Coatépec; y un día acontecióle que andando barriendo descendióle una pelotilla de pluma, como ovillo de hilado, y tomóla y púsola en el seno junto a la barriga debajo de las naguas; y después de haber barrido quiso tomar y no la halló, de que dicen se empreñó (Sahagún 1569).

Al saber Coyolxauhqui que su madre estaba embarazada ordena a sus cuatrocientos hermanos (los Centzon Huitznáhuac, dioses que representan las estrellas meridionales) asesinarla, por considerar su embarazo deshonroso. Coyolxauhqui dirigió a sus hermanos al lugar donde se hallaba su madre, pero uno de ellos avisó a Huitzilopochtli no nato del intento de asesinato. El dios se preparó para la lucha. Al nacer, el dios es ya adulto y viste preparado para la lucha, por lo que mata a sus hermanos y desmiembra a Coyolxauhqui, lanzando su cabeza al cielo. Es por esto que Coyolxauhqui se convierte en la luna, mientras que su hermano victorioso representa el sol. El hecho de que la diosa sucumbiera ante su hermano Huitzilopochtli es interpretado por Moraga como el sometimiento de los roles femeninos (Coyolxauhqui) por parte de los masculinos (Huitzilopochtli).

**Imagen 3. El portentoso nacimiento de Huitzilopochtli y su enfrentamiento
contra Coyolxauhqui y los *centzonhuitznáhuah*.**
Fuente: adaptado de Códice Florentino, lib. III, f. 3v., 1569. CC0

Coyolxauhqui es rescatada en el artículo de Moraga "En busca de la fuerza femenina"
recogido en *The Last Generation* (1993). La autora retoma el mito de la muerte de esta
diosa y lo conecta con el nacimiento de la tradición machista heredada en parte por el
movimiento chicano:

> In my own art, I am writing that wound. That momento when brother is born and
> sister mutilated by his envy. He possesses his mother, holds her captive, because she
> cannot refuse any of her children, even her enemy son. Here, mother and daughter
> are pitted against each other and daughter must kill male-defined motherhood in
> order to save the culture from misogyny, war, and greed. But el hijo comes to the
> defense of patriarchal motherhood, kills la mujer rebelde, and female power
> is eclipsed by the rising light of the Sun/Son (Moraga, *The Last Generation* 74).

Aquí Moraga explica cómo en su arte expresa esa herida que provoca la mutilación del
hermano envidioso en este mito: la madre representa la defensa del poder patriarcal,
ya que como madre busca proteger a todos sus vástagos. De ahí que la única opción
de la hija sea rebelarse contra su madre para salvar su cultura del machismo, la guerra,

y la avaricia. El hijo sale en defensa de la madre, mata a la mujer rebelde, su hermana, eclipsando el poder femenino con la salida del sol, el hijo. Así el mito del nacimiento de Huitzilopochtli supone el sometimiento de la mujer al poder patriarcal, al machismo que se produce y se reproduce entre las mismas mujeres (madres), y a la luz más importante para el ser humano, el sol. A lo largo de este capítulo, Moraga reclama la feminidad de Coyolxauhqui y la oscuridad en la que aparece la luna (Coyo) en oposición al sol (Huitzilopochtli). A su vez, relata un eclipse vivido en México como un momento de gran poder femenino. Para Moraga, Coyolxauhqui es la fuerza femenina, nuestro intento de recoger los fragmentos de nuestra feminidad desmembrada y reconstruirnos a nosotras mismas —"she is la fuerza femenina, our attempt to pick up the fragments of our dismembered womanhood and reconstitute ourselves" (The Last Generation 74). Así la deidad se convierte en embajadora de la causa femenina que defiende Moraga, la desarticulación de una organización social patriarcal que desmiembra metafóricamente la feminidad, la unión, y fuerza de las mujeres. También, Moraga define su trabajo como una búsqueda de esa figura, Coyo. La autora busca una mujer completa que pueda dar forma, con su propio puño, a una ciudadana libre de Aztlán y del mundo: "I am not the church goer that my mother is, but the same faithfulness drives me to write: the search for Coyolxauhqui amid all the disfigured female characters and the broken men that surround them in my plays and poems. I search for a whole woman I can shape with my own Chicana tongue and hand. A free citizen of Aztlán and the world" (Moraga, *The Last Generation* 76).

Como se ha expresado con anterioridad, la autora busca en su escritura la unión femenina a partir de la represión social que sufren sus personajes para así configurar una mujer libre de ataduras e imposiciones. Es el inicio de la veneración a Huitzilopochtli el que marca el cambio de una sociedad matriarcal a una sociedad guerrera y patriarcal en la cultura nahua. Estas raíces patriarcales son perpetuadas a lo largo de la historia y reforzadas en el periodo colonial por la herencia hispana. Así, la cultura contemporánea reproduce las relaciones de género que se establecieron en el continente americano no solo en el período colonial, sino que en ciertas culturas como la azteca, mucho antes. Sin embargo, se puede decir que este predominio masculino en la cultura azteca no es representativo de otras culturas nativo-americanas ya que, como hemos mencionado, varias críticas feministas están encaminando sus trabajos a desarticular la imagen inexacta que en muchos casos se ha creado a lo largo de la historia de la mujer indígena.

El poder femenino al que se refiere Moraga es, por lo tanto, parte del proyecto descolonizador del feminismo chicano. La autora es uno de los principales exponentes en realzar las relaciones matrilineales dentro de la cultura chicana en oposición a las patriarcales, uniéndolas a otros conceptos indigenistas como Aztlán o la sexualidad de *two spirited people*. De esta forma, la obra de Cherríe Moraga se enfoca en la desarticulación de conceptos coloniales como el patriarcado, la familia, la sexualidad, el papel de la mujer en la sociedad, e incluso su rol como autora. A través de principios tomados de diferentes culturas nativo-americanas, Moraga reclama un indigenismo que ofrece una alternativa a la sociedad contemporánea. Dicha alternativa es subjetiva a la identidad de la autora como mujer, lesbiana y chicana.

CAPÍTULO IV

La descolonización de la sexualidad en la obra de John Rechy

CAPÍTULO IV   LA DESCOLONIZACIÓN DE LA SEXUALIDAD EN LA OBRA DE JOHN RECHY

John Rechy es un autor de ascendencia mexicana que puede considerarse de los primeros novelistas en el mundo chicano que hablan abiertamente de la identidad gay. El hecho de que sus novelas primen su identidad homosexual antes que la chicana hizo que por muchos años se obviara su trabajo dentro del campo literario del movimiento. Sin embargo, la evolución de los estudios chicanos hacia otros componentes de su identidad ha suscitado en los últimos años un interés especial en la obra de Rechy, recobrando sus publicaciones como parte de su espectro literario.

Rechy saltó a la fama con su novela *City of Night*, donde recoge parte de su experiencia como prostituto por las calles de distintas ciudades estadounidenses. *City of Night* es por lo tanto una novela autobiográfica, en la cual se desafían las normas culturales del espacio al reflejarse una cultura americana sin fronteras, ligada no por el espacio, sino por la cultura *queer* que se desarrolla en sus principales ciudades. Desde El Paso, ciudad de origen de su protagonista, pasando por Times Square en Nueva York, Pershing Square y Hollywood Boulevard en Los Ángeles, y hasta The French Quarter en Nueva Orleans, el joven busca su identidad sexual en las calles y habitaciones de estos espacios. Esta búsqueda incesante de la propia identidad sexual evoluciona desde los primeros capítulos, donde intenta probar su heterosexualidad, hasta los finales, donde llega a plantearse establecer una relación romántica con uno de los personajes, Jeremy. Sin embargo, al ser testigo de las experiencias y vivencias de los sujetos no heterosexuales que comparten estos espacios con él, decide huir del asentamiento emocional y volver a su ciudad natal, El Paso.

El protagonista de esta novela narra la realidad que le rodea al mismo tiempo que la va observando. De esta manera el joven desarrolla su historia personal a partir de muchas otras historias, historias narradas por los múltiples personajes que van apareciendo en su camino o intuidas por el joven, víctima de su propia imaginación. A través de todas estas historias, el autor ofrece un testimonio de cómo funcionaba la subcultura gay a comienzos de los años sesenta en Estados Unidos, un país principalmente homofóbico en aquella época. Todas las experiencias que él observa contribuyen por un lado a formar su imaginario en torno a la subcultura gay de la época, y por otro, a crear su propia identidad sexual. No obstante, a través de esta novela Rechy va más allá de un simple intento de reflejar una realidad, ya que como veremos a través de este análisis con *City of Night* se va a comenzar a desarticular la heteronormatividad de los patrones reproductivos, consumistas y patriarcales de la sociedad estadounidense del momento, a la vez que se va a reflejar cómo estos patrones pueden influir en los sujetos gay, quienes como veremos en algunos personajes, a veces pueden imitarlos en las relaciones del mismo sexo.

City of Night es como hemos dicho una novela principalmente autobiográfica, en la que aparecen personajes que el propio Rechy conoció, a veces incluso con el mismo nombre y características que en la vida real, otras veces con rasgos inventados. Para este análisis concreto destacaremos entre esos personajes a Mr. King, el Profesor, Miss Destiny, Chuck, Skipper, Lance, Dave, Neil, Sylvia, Chi-Chi, y Jeremy, por orden de aparición en la novela. Las experiencias vitales de Rechy con respecto a estos sujetos están fielmente representadas y relatadas a lo largo de los 28 capítulos. Dichas experiencias y este amplio elenco de personajes son los que componen realmente el carácter descolonizador de esta novela, ya que su lucha diaria por redefinir una sociedad principalmente heteronormativa es el germen del cambio ideológico y cultural hacia una sociedad más inclusiva para las sexualidades marginales. Esta lucha cultural se va a desarrollar principalmente en el espacio público, por lo que podemos afirmar que el espacio en sí es una herramienta descolonizadora.

D'Emilio en su obra *Sexual Politics, Sexual Communities* hace una revisión histórica de las actividades homosexuales a lo largo del siglo XX en Estados Unidos y su percepción social. El catedrático atestigua que a partir de la Primera Guerra Mundial, los lugares públicos como parques, calles o baños públicos de las grandes ciudades eran frecuentados para el flirteo o la prostitución homosexual: "Desde Riverside en Nueva York o el Parque Lafayette en Washington hasta el Presidio en San Francisco" (12). Testimonio de esta realidad es la que presenta Rechy en su obra, plagada de encuentros sexuales en diferentes espacios público de cada una de las ciudades que visita:

> But there were others to feed that quickly starved craving. In theatre balconies; the act sometimes executed in the last rows, or along the dark stairways…In movie heads- while someone watched out for an intruder, body fusing with mouth hurriedly- momentarily stifling that sense of crushing aloneness that the world manifest each desperate moment of the day- and which only the liberation of Orgasm seemed then to be able to vanquish, if only momentarily…Behind the statue in Bryant park; figures silhouetted uncaringly in the unstoppable moment…" (Rechy, *City of Night* 54-55).

Y es así como el protagonista narra cómo el deseo sexual se saciaba en los lugares públicos, buscando la intimidad a escondidas en parques, salas de cine y rincones oscuros de cualquier ciudad.

En el mismo siglo XX es cuando una subcultura gay comenzó a tomar forma en las principales ciudades americanas. Fruto de ello, y como ejemplo de la sociedad homofóbica del momento, se desarrolló una fuerte represión policial ante cualquier actitud sospechosa de ser homosexual. También se implantaron medidas políticas para evitar su propagación por los diferentes estados americanos. Los cargos por delitos sexuales por los que un individuo podía ser acusado abarcaban desde la ocupación de un espacio público sin ejercer ninguna actividad particular (vagabundeo), la lascivia pública, el asalto y la prostitución. Cualquiera de estos delitos se le podía imputar a una persona sospechosa de ser homosexual. Estos sospechosos eran normalmente personas que regentaban bares de ambiente, transitaban zonas conocidas por su actividad homosexual, o incluso invitados a fiestas particulares de homosexuales ya conocidos por las autoridades. Todos ellos corrían el peligro de ser capturados en una redada antivicio (D'Emilio 14). Unos años después, con el advenimiento de la Segunda Guerra Mundial, la libertad de las relaciones homosexuales aumentó, al ser otros asuntos los que ocupaban la atención del gobierno americano. La itinerancia de muchos de los soldados y la movilidad general de la ciudadanía favoreció relaciones casuales y sin compromiso, dando rienda suelta a las sexualidades reprimidas en tiempos de paz. Según D'Emilio:

> At the same time, those who experienced strong same-sex attraction but felt inhibited from acting upon it suddenly possessed relatively more freedom to enter into homosexual relationships. The unusual conditions of a mobilized society allowed homosexual desire to be expressed more easily in action. For many gay Americans, World War II created something of a nationwide coming out experience (24).

Estos encuentros homosexuales eran en su mayoría entre personal militar de permiso, y se concentraban en Sloane House, un barrio de Manhattan donde la mayoría de los residentes eran militares. Igualmente estos encuentros se sucedían en cantinas, cines en la calle 42 y Pershing Square en Los Ángeles y Central Park en Nueva York (27). La mayoría de los centros de actividad homosexual se sitúan en ciudades portuarias o centros de industria bélica como estos. Estos lugares públicos comienzan ya en este período a destacar como centros de reunión para individuos gay, y continúan siéndolo a lo largo de todo el siglo XX.

Ya en la década de los cuarenta, la subcultura gay se extendió a ciudades más pequeñas como San José, Kansas o Denver o Cleveland, donde el número de bares de ambiente aumentó a finales de esta década. Otras ciudades industriales más pequeñas como Worcester o Massachusetts ya tenían su propio bar gay (32). Este hecho es relevante porque la aparición de estos bares no solamente significaba un aumento de la apertura sexual, sino que además estos lugares eran semilleros de una conciencia colectiva que posteriormente florecería en movimientos políticos y organizaciones sociales.

> Of all the changes set in motion by the war, the spread of the gay bar contained the greatest potential for reshaping the consciousness of homosexuals and lesbians. Alone among the expressions of gay life, the bar fostered an identity that was both public and collective (…) But the bars offered all-gay environment where patrons dropped the pretension of heterosexuality, socializing with friends as well as searching for sexual partner. When trouble struck, as it often did in the form of a police raid, the crowd suffered as a group, enduring the penalties together (D'Emilio 32-33).

Con el fin de la contienda, el esparcimiento de esta subcultura trajo consigo represiones. Las leyes de más de la mitad de los estados buscaron solución al problema de los "crímenes sexuales". Con este propósito volcaron sus frustraciones hacia la psiquiatría, que definió la homosexualidad como una enfermedad social (17). La Guerra Fría y su anticomunismo proveyeron el escenario perfecto para un ataque sostenido hacia los homosexuales (40). D'Emilio analiza el caso del Departamento de Estado y otros estamentos políticos durante este periodo, en el que la persecución a la homosexualidad fue constante durante la era McCarthy, expulsando a los sospechosos de sus puestos de trabajo e investigando cualquier evidencia de homosexualidad para condenarla. Esta caza de brujas se convirtió en esta época en herramienta política, donde cualquier debilidad era un asunto de seguridad nacional, y por lo tanto de gran importancia política. Tal era el temor a esta "enfermedad social" que se equiparó al condenado comunismo. El presidente del partido republicano Guy Gabrielson escribió a sus trabajadores: "Sexual perverts …have infiltrated our Government in recent years" y eran "perhaps as dangerous as the actual Communists" (41).

Así se imponía un sentimiento nacional hacia la homosexualidad, donde la criminalidad de las relaciones homosexuales y el consenso religioso en la inmoralidad de este tipo de comportamiento dictaban el punto de vista hacia los hombres y mujeres homosexuales como marginados sociales, inadecuados para trabajar en el gobierno (42) o en el ejército (44) en un principio, y en empresas privadas posteriormente (46).

De esta forma, el concepto de homosexual como un pervertido moral y su riesgo para la seguridad nacional otorgó tanto a las organizaciones gubernamentales como a las fuerzas de seguridad locales libertad absoluta para el acoso a estos individuos. A lo largo de la década de los cincuenta los homosexuales sufrieron represiones brutales. Los arrestos en bares y en las zonas de ambiente eran comunes, así como en parques, baños públicos, playas, etc. Las precauciones en el mundo gay se incrementaron. La persecución era tal que no solamente eran víctimas de fuertes castigos y multas, sino que además los nombres de los detenidos en las redadas eran publicados junto con su información personal y dirección, convirtiéndose así en víctimas fáciles de los abusos homofóbicos de la sociedad. De acuerdo con D'Emilio, "The only safety lay in forswearing all contact with other gay women and men, yet even the final resort of utter isolation could not quiet internalized fears" (49).

Esta situación de acoso a la comunidad gay no se remitía a las fuerzas del orden, si no que debido al desamparo general eran también víctimas frecuentes de todo tipo de abusos sociales. Por un lado, podían ser abusados sexualmente, o simplemente robados por sus supuestas parejas, y no se atrevían a denunciarlo, ya que el castigo recaería en ellos antes que en los abusadores. Además, los dueños de bares de ambiente eran extorsionados constantemente tanto por el crimen organizado como por cualquier individuo que se hiciera pasar por un detective de incógnito (51).

Todos estos abusos y persecuciones dejaron sin embargo un campo abierto para la salida a la luz de la subcultura gay. La aparición constante de las denuncias por delitos sexuales en los medios de comunicación hizo de este tema un asunto de preocupación nacional. Un análisis de los homosexuales como minoría cultural oprimida fue emergiendo de todas estas experiencias (65). Comienza a darse un crecimiento organizativo de la subcultura gay, y se avanza hacia una mayor visibilidad en el espectro social, y a finales de los cincuenta explota una fascinación con este aspecto exótico, inexplorado de la sociedad americana. Se da una proliferación de material sobre la homosexualidad tanto masculina como femenina, y comienzan a multiplicarse las representaciones de la vida gay en pornografía, literatura y medios de comunicación. Ya en la década de los sesenta, una gran cantidad de material expone el estilo de vida y la sexualidad de hombres y mujeres gay desde diferentes puntos de vista: solidarios, de denuncia, etc. (134). La repentina emergencia de la vida gay al ojo público trajo consigo la redefinición de la homosexualidad ante la sociedad:

> Embedded in the ideological configuration of sin, sickness, and crime was the assumption that the homosexual man or woman lived in isolation, as a maladjusted pathological personality, occasionally coupling with a partner in sin or crime (…) However, as evidence accumulated that gay subcultures were thriving in the urban environments of the United State, the possibility grew of conceptualizing homosexuality from the vantage point of social science (D'Emilio 140).

En este momento contextualizamos la obra autobiográfica de Rechy, momento en el que el interés por la vida gay estaba en su punto álgido, lo que hizo de esta novela un completo éxito. Hay que tener en cuenta que pese a que la sociedad se tornó más permisiva con la información relativa a los homosexuales, la represión continuó en las décadas posteriores, como refleja el autor en su obra. El enfrentar todo tipo de represión para reafirmar una identidad *queer* es una lucha de años en la que todavía hoy nos vemos involucrados.

En este contexto, la novela de Rechy nos sirve para analizar la situación en torno a las sexualidades marginales y cómo estas negocian el espacio socialmente construido, para mediar así por un lugar propio dentro de la sociedad americana. Entre los temas a analizar en este capítulo se encuentran muchos de los aspectos que surgen como consecuencia de una sociedad heteronormativa: 1) la incapacidad de autoidentificación por el sujeto homosexual en el espacio privado; 2) la negociación de la identidad homosexual en el espacio público; 3) la importancia de ser visible en el espacio público y 4) el binarismo maniqueo entre lo masculino y lo femenino, así como la problemática que plantea. Todas estas cuestiones pueden considerarse herencia del imaginario colonial desarrollado en las primeras páginas de este manuscrito. Al cuestionar todos estos temas, la novela de Rechy puede considerarse una herramienta para descolonizar la sexualidad, ya que pretende desarticular la ideología en torno a la sexualidad implantada en América durante la colonización y que sufren como consecuencia los sujetos colonizados herederos de una cultura homofóbica.

4.1. La incapacidad de auto-identificación en el espacio privado

Como se mencionaba en páginas anteriores, el espacio habitado es dominantemente heteronormativo. Las relaciones socialmente aceptadas que en él se desarrollan son las de los sujetos heterosexuales, y las homosexuales, o simplemente aquellas que se salen de la norma, son reprimidas. Es por esto que las identidades más visibles son aquellas que responden a unos parámetros heterosexuales. Según la psicología la formación de la identidad es un proceso en el que intervienen al menos cuatro factores: influencias cognitivas, influencias parentales, influencias académicas e influencias culturales e históricas. De todas ellas, las influencias parentales y las culturales son las que más vamos a tratar en este punto. Ambas influencias las recibimos a través de todo lo que observamos en nuestro entorno (familiar y cultural), y tienen un impacto en la formación de nuestra identidad. Los sujetos aprendemos patrones de comportamiento a través de lo que vemos a nuestro alrededor, tanto en espacios privados (el hogar) como en espacios públicos. Es por esto que la carencia de representación homosexual en el espacio, tanto público como privado, crea cierta confusión a los sujetos que no se identifican con los patrones heteronormativos que prevalecen en estos espacios.

Esta carencia de modelos de identidades sexuales marginales queda reflejada en *City of Night*. Nuestro protagonista, en una búsqueda incesante de identidad sexual, comienza un viaje en el que anhela encontrar una identidad con la que identificarse. En sus comienzos en El Paso, la única opción sexual que encontraba era el ejemplo de sus padres y otros roles heterosexuales con los que Rechy no se identificaba por completo. Ya hemos mencionado que las influencias parentales son uno de los pilares de la formación identitaria. En el caso de nuestro protagonista se siente rechazado por su padre y muestra una relación lejana con él, en parte a la ausencia de una identificación con sus patrones sexuales. En la entrevista realizada por Charles Castillo a John Rechy (2002) nuestro autor deja entrever cómo una de las formas en las que su entorno infantil influyó su identidad sexual fue la exposición a las constantes aventuras de su padre con mujeres atractivas. Su padre, que durante su estancia en El Paso dirigió actuaciones teatrales de diversa índole, estaba constantemente rodeado de mujeres que desempeñaban diferentes papeles en las obras. Nuestro protagonista narra cómo se sentía confundido por los sentimientos que estas mujeres despertaban en él. El pequeño admiraba a estos cuerpos femeninos, pero sin tener muy claro de qué manera. Al observar estos modelos sexuales en su padre, Rechy trataba de encajar y de imitar estos patrones de comportamiento, aunque era consciente de que no era un proceso natural en él (32). En el mundo de su padre, en su entorno lo 'normal' era que los hombres desearan a estas mujeres.

Al intentar imitar este patrón de comportamiento, Rechy comenzó a intimar con una chica a la que se sentía unido por su aparente soledad. Esta chica inspira a Rechy a lo largo de sus novelas para los personajes femeninos bellos e inalcanzables, que normalmente aparecen con el nombre de Bárbara o Julie, su nombre real (62). Rechy describe por primera vez su relación con Julie en *City of Night*. En el primer capítulo el autor escribe sobre una joven de su ciudad natal con la que pone a prueba su heterosexualidad. Sin embargo, el encuentro íntimo entre los dos jóvenes no fue lo que Rechy esperaba, y ambos continuaron por caminos separados:

> I was usually alone. I had only one friend: a wild-eyed girl who sometimes would climb the mountain with me. We were both 17, and I felt in her the same wordless unhappiness I felt within myself. We would walk and climb for hours without speaking. For a brief time I liked her intensely-without ever telling her. Yet I was beginning to feel, too, a remoteness toward people-more and more a craving for attention which I could not reciprocate: one-sided, as if the need in me was so hungry that it couldn't share or give back in kind. Perhaps sensing this- one afternoon in a boarded-up cabin at the base of the mountain-she maneuvered, successfully, to make me. But the discovery of sex with her, releasing as it had been merely turned me strangely further within myself.
>
> Mutually, we withdrew from each other.
> And it was somewhere about that time at the narcissistic pattern of my life began (Rechy, *City of Night* 18).

Este primer acercamiento sexual entre Rechy y su amiga de la adolescencia torna al protagonista todavía más hacia sí mismo. El carácter introvertido de Rechy desde su infancia comienza en este momento a volverse narcisismo, como explica el propio autor. Una posible explicación a este narcisismo puede ser la carencia de modelos gay masculinos a su alrededor, por lo que la admiración y deseo a su mismo sexo se torna hacia su propio cuerpo. Rechy utilizó sus novelas para explorar continuamente sus sentimientos hacia Julie, ya que la joven representaba la posibilidad de una relación heterosexual para él. En *City of Night*, cuando regresa a casa harto de sus experiencias de prostitución en Nueva York y Los Ángeles, se da cuenta de que esa relación heterosexual es ahora inalcanzable. Julie se ha casado y se ha marchado de El Paso.

Sin embargo, aunque no está confirmado totalmente por el autor, hubo en su infancia otros encuentros sexuales que pudieron marcar su sexualidad. En las primeras páginas de la novela el autor contextualiza la relación con su padre, e incluye el siguiente pasaje:

> When I was about eight years old, my father taught me this: He would say to me: "Give me a thousand," and I knew this meant I should hope on his lap and then he would fondle me-intimately- and he'd give me a penny, sometimes a nickel. At times when his friends-old gray men-came to our house, they would ask for "a thousand." And I would jump on their laps too. And I would get nickel after nickel, going around the table. And later, a gift from my father would become a token of a truce from the soon-to-blaze hatred between us (Rechy, *City of Night* 14).

En la obra de Castillo se afirma que esta es una extraordinaria y reveladora admisión de un hombre que durante muchos años solo era capaz de expresar su sexualidad a través de la prostitución, yendo de hombre en hombre por los beneficios. Sin embargo, en sus entrevistas, Rechy no ve esta situación como un abuso, pero sí hace referencia a estos encuentros como "extraños" (40).

Ya de adulto, Rechy declaró que estas experiencias no le impactaron siendo niño, y que incluso se sentía cómodo en los brazos de aquellos hombres: "Me sentía muy acogido y querido, cualquiera que fuera la intención. Ahí es cuando más lo sentí en mi niñez, fuera de mi madre. Pero ahí es donde me sentí completamente amado" (41). Esta declaración cobra importancia en el contexto de la relación con su padre, de quien declara que era un "hijo de puta" que era "bruto" y que era "cruel". Aunque la narración de este tipo de juego apunta hacia un abuso sexual, Rechy niega cualquier tipo de acusación de este tipo. El abuso sexual sería una explicación a la obsesión con la prostitución que le acompaña en esta obra y a lo largo de toda su vida. La dinámica de este juego, la recompensa económica por dejarse acariciar por otros hombres, puede interpretarse como la raíz de su compulsiva aparición en las calles, donde mantenía relaciones con otros hombres solo por dinero.

Como vemos nuestro protagonista no llega a identificarse completamente con las identidades y patrones sexuales de su entorno más familiar, lo que le llevará a iniciar este viaje por las diferentes ciudades americanas en busca de esa identidad sexual. El proceso de búsqueda de identidad sexual de nuestro protagonista pasa por la exploración sexual a través de la prostitución. En parte, esta prostitución es, como ya hemos dicho, herencia de los juegos sexuales con su padre, pero en parte es también una forma de continuar buscando una identidad sexual con la que se identifique. El proceso por el que pasa el autor-protagonista puede leerse como un ejemplo de lo que el teórico José Esteban Muñoz definió como desidentificación, ya que en sus páginas el protagonista no se opone ni se asimila a la sociedad heteronormativa, sino que desarrolla sus propias estrategias de supervivencia para negociar su espacio dentro de una esfera mayoritariamente homofóbica que constantemente elimina o castiga la existencia de sujetos que no conforman una identidad normativa. De esta forma, a través de su búsqueda de identidad ligada a la prostitución, nuestro protagonista está negociando su sexualidad marginal en una esfera pública heteronormativa. A lo largo de esta búsqueda, Rechy se topa con una gran variedad de sujetos igualmente disidentes sexuales que buscan sobrevivir de diferentes maneras dentro de esta heteronormatividad. Rechy encuentra afinidad con algunos de ellos, pero con la mayoría continúa sin identificarse, lo que le lleva a una itinerancia constante por diversas ciudades de EE. UU.

4.2. La negociación de la identidad homosexual en el espacio público

El hecho de que las relaciones heterosexuales sean el patrón de comportamiento comúnmente aceptado no significa que las sexualidades marginales no se desarrollen dentro del mismo espacio. Como hemos mencionado en capítulos anteriores, Mitchell anota lo erróneo de concebir las relaciones heterosexuales como las pioneras en el espacio, ya que las no heteros han estado siempre presentes, negociando su espacio (179). Aquí radica la importancia de la novela de Rechy, ya que narra sin tapujos cómo esta otra realidad del espacio, estas relaciones marginales, se desarrollan tanto en el espacio público como en el espacio privado. *City of Night* se enfoca en cómo las relaciones no heteronormativas sobreviven a la heteronormatividad y cómo renegocian el espacio público.

City of Night es una obra sobre la frontera sexual y espacial que acompaña a su protagonista en todo su peregrinaje por las principales capitales estadounidenses: Nueva York, Los Ángeles, San Francisco y Nueva Orleans. Y entre ellas un puente común: las sexualidades marginales y su ocupación del espacio público, que liga las experiencias de todos sus protagonistas. En este viaje, el protagonista busca su identidad sexual a través de la experimentación y exploración de los diferentes espacios urbanos: Times Square en Nueva York, Pershing Square en Los Ángeles, Hollywood Boulevard, y The French Quarter de Nueva Orleans. Todas estas ciudades diferentes convergen en la ciudad de la noche, donde las sexualidades marginales se hacen con el espacio y negocian su identidad sexual:

> Later I would think of America as one vast city of night stretching gaudily from Times Square to Hollywood Boulevard-jukebox-winking, rock-n-roll-moaning: America at night fusing its dark cities into the unmistakable shape of loneliness (...) And I would remember lives lived out darkly in that vast City of Night, from all-night movies to Beverly Hills mansions (Rechy, *City of Night* 9).

El hecho de que sea la noche el telón de fondo de la mayoría de estas actividades, así como la referencia del autor a esas vidas "lived out darkly" responden al hecho de que en la novela, como en la vida real, un velo de secretismo y represión rodea a este tipo de relaciones. La creación del discurso en torno a la sexualidad marginal como algo impuro, antimoral y pecaminoso afecta al desarrollo de actividades en el espacio público, y la represión policial es el método de controlar y marginar dichas relaciones.

Ya hemos argumentado cómo el sexo y la sexualidad hetero han sido siempre bastante públicos, desde los ritos ceremoniales en las bodas hasta el besarse en público. Al examinar lo que muchos consideran la sexualidad transgresora o inmoral (bi/homo), podemos ver cómo la sexualidad es siempre abiertamente pública, aunque parezca invisible a nuestra mirada. Nuestro protagonista narra este carácter público de la sexualidad, pero en vez de enfocarse en la sexualidad hetero, fácil de visualizar, se enfoca en las relaciones homosexuales, dejando patente su permanencia en el espacio público (Rechy, City of Night 54-55). Estos hombres tuvieron que negociar y mantener un espacio homosexual en la ciudad hetero por antonomasia. Rechy explora las diferentes tácticas con las que los hombres se manifestaban en el espacio público no identificado como homosexual, como reterritorializaban la ciudad para construir un entorno homosexual en mitad de una ciudad normativa. Sus experiencias, junto con las del propio protagonista, están ligadas al espacio y a la construcción de una identidad *queer*. El narrador anónimo se enfoca así en los diferentes personajes para explorar las diferentes identidades que producen este paisaje urbano alternativo a la heteronormatividad que se manifiesta abiertamente en la ciudad. En los primeros capítulos, el narrador es capaz de identificar el paisaje no hetero en el espacio heteronormativo:

> Throughout those weeks, on 42nd street, the part the moviehouses, I had learned to sift the different types that haunted those places: The queens swished by the

superficial gayety-giggling males acting like teenage girls; eyening the youngmen coquettishly: but seldom offering more than a place to stay for the night. And I could spot the scores easily-the men who paid other men sexmoney, anywhere from $5.00- usually more-but sometimes even less (for some, meals and drinks and a place to stay); the amount determined by the time of the day, the day of the week, the place of execution of the sexscene (their apartment, a rented room, a public toilet; their franticness, your franticness; their manner of dress, indicating affluence or otherwise; the competition on the street – the other youngmen stationed along the block like tattered guards for that defeated army which, somehow, life had spewed out, Rejected (Rechy, *City of Night* 32).

La búsqueda de identidad del protagonista que se desarrolla en estos espacios está íntimamente ligada a las experiencias propias del protagonista y de los personajes a los que observa. Estos personajes genéricos que identifica en sus comienzos, toman nombre propio a lo largo de la novela: Pete, el joven prostituto de la calle 42, quien como los demás jóvenes va con hombres por dinero, pero con mujeres para probar que su masculinidad sigue intacta; El Profesor, postrado en su cama, autor de muchos libros, pero para quien el único libro importante es el que ha creado a partir de recortes a lo largo de los años; Miss Destiny, la reina de las reinas, con toda la retahíla de maridos fallidos; el Sargento Morgan, el terror de Pershing Square, el policía que reprime enérgicamente cualquier connato de homosexualidad, mientras que más de una vez trata de mantener relaciones con los detenidos; Mamá, el neoyorquino cuyo fetiche es cocinar para los prostitutos que lleva a su casa y hace desnudarse; Skipper, un joven atractivo que una vez fue amante de uno de los directores más reconocidos de Hollywood, y que ahora lleva sus fotografías amarillentas en el bolsillo; Lance O'Hara, que en su día fue la estrella más deseada del firmamento hollywoodiense, y que ahora persigue a un jovencito que le ignora y humilla, etc.

Todos ellos contribuyen de distinta forma a este doble propósito: por un lado, negociar el espacio heteronormativo, por otro, contribuir a la creación de la identidad homosexual del protagonista. Dicha negociación del espacio se da a través de su ocupación, represión y reocupación del espacio. Por ejemplo, la llegada a California del protagonista es recibida por una *drag queen* que le ofrece alojamiento en su casa en plena calle a la luz del día: "Why, baby, don't you look so startled-this is LA-and thank God for that! Even Queens like me got certain Rights!" (Rechy, City of Night 88). Esta liberación del espacio en Los Ángeles es reprimida por ideologías heteronormativas. En los parques, donde se concentran la mayoría de las sexualidades marginales abundan los predicadores y profetas, que buscan salvarlos de la condenación eterna (91). De la misma forma, el citado Sargento Morgan, representa por un lado la represión del Estado hacia estas sexualidades marginales, evitando su ocupación del espacio público, y por otro la inevitabilidad de la existencia, oculta o expuesta, de las sexualidades marginales.

Para nuestro protagonista las calles comienzan a sincronizarse con su identidad *queer*, lo que hace que a veces sienta la imperiosa necesidad de escapar de ellas, escapando a la vez de una identidad que no abraza completamente. Este escape se representa igualmente en la novela a través del espacio. De vez en cuando, el autor-protagonista escapaba de la prostitución, de las calles y de su identidad *queer* recluyéndose en espacios cerrados como en la biblioteca y buscando un trabajo "normal" para no tener que prostituirse:

> Now, at the library on Fifth Avenue, I would try often to shut my ears to the echoes of that world roaring outsider, immediately beyond these very walls. Again, I would read for hours. And this would be a part of the recurring pattern, when impulsively I would get a job, leave the streets, return to those books to which I had fled as a child. But because there would always be, too, that boiling excitement to be in that world which had brought me here-and equally, the powerful childhood obsession with guilt which threatened at times to smother me-emotionally I was constantly on a seesaw (Rechy, *City of Night* 55).

A menudo, ambos espacios, la reclusión en la literatura o el trabajo en la oficina y la prostitución en las calles se mezclaba. En la entrevista con Castillo Rechy recuerda el patrón de su vida en esa época:

> I would go to the huge public library just a few blocks away, and I would read books, newspapers, magazines. For a time I read a lot of plays (…). The next phase of the ritual occurred when the day began to darken. I would then head to Pershing Square to hustle. Often, I'd be invited by someone to have dinner at the Green Rose Cafeteria across the street. It was a dingy place, and I'd say, 'Oh, let's go somewhere better,' and then I'd suggest a terrific cafeteria, much more expensive, a few blocks away. The ritual might extend to my hitchhiking to Hollywood Boulevard to hustle there too. So it went: library, Pershing Square, Hollywood Boulevard (Castillo 126).

Cuando Rechy necesitaba escapar de las calles buscaba un trabajo "normal", usualmente relacionado con sus conocimientos legales. Odiaba hacer esto (Castillo 104), por lo que su coartada no duraba mucho, y como ya hemos dicho, terminaba mezclándose con su vida en las calles. En San Francisco trabajó en una oficina que estaba justo en frente de la cafetería Market Street, que a ciertas horas era un lugar de alterne y prostitución. Esto facilitaba su alternancia entre la vida en la calle y su trabajo profesional (104).

Para nuestro protagonista, el escape de estos espacios donde se desarrollan sus relaciones sexuales supone un escape de su propia identidad homosexual. Al tratar de escabullirse, de esconderse, en la biblioteca o buscando otros trabajos simplemente trataba de huir de su identidad sexual. Pero con el tiempo el deseo le llevaba de nuevo a ocupar estos espacios públicos donde relacionarse con otras identidades gay. La sexualidad de nuestro protagonista está por lo tanto inherentemente ligada al espacio, al igual que cualquier otra relación social. En ambos casos la identidad sexual depende de espacios particulares para su construcción y además produce y reproduce esos espacios en los que la sexualidad puede ser forjada.

Nuestro narrador comienza con un propósito claro: "And so, in the World of males, on the streets, it was I who would be the desired in those furtive relationships, without desiring back. Sex for me became the mechanical reaction of This on one side, That on the other. And the boundary must not be crossed" (Rechy, City of Night 54). El autor-narrador encuentra así su forma de participar en la renegociación del espacio hetero. A través de su prostitución, el protagonista se convierte en un bien consumible, en una mercancía que participa del sistema de consumo capitalista. Encuentra así la forma de ser aceptado en el sistema que lo rechaza social y espacialmente. El protagonista se aferra a esta identidad de prostituto al observar los fallidos intentos de los demás personajes en transformar una sociedad heteronormativa.

Y por eso huye cada vez que puede de esa identidad *queer*. Al principio, trata de buscar otros trabajos que lo alejen de Times Square, pero recurrentemente vuelve a dejarse llevar por el dinero fácil. Este rechazo o temor a su identidad *queer* se relaciona directamente con los espacios que ocupa:

> I discovered the bars: on the west side, the East side, in the Village, one in Queens-appropriately- where males danced with males, holding each others intimately, male leading, male following... But because most of those bars attracted large numbers of youngmen who went there to meet others like themselves for a mutual, nightlong, unpaid, sexsharing-or for the prospect of an affair-the bars made me nervous, then, and largely, I avoided them (Rechy, *City of Night* 56).

Esta falta de seguridad en los bares de ambiente, su rechazo a los espacios en los que puede identificarse completamente como un sujeto gay, forman parte de su identidad todavía en desarrollo y de su insaciable búsqueda por un contexto con el que se sienta completamente identificado. A lo largo de toda la narración, el autor no consigue esta estabilidad y hace de esta búsqueda incesante un estilo de vida. Incluso en las últimas páginas, cuando Jeremy le ofrece cierta estabilidad emocional, el protagonista se aferra a su homosexualidad como mera mercancía: "I don't even know that I want to be loved. I just know that I want to feel wanted. I don't even want to feel that I need any one person" (Rechy, City of Night 374). Y regresa a las calles del carnaval de Nueva Orleans, donde las jerarquías, las normas sociales y el espacio en el que se desarrollan se encuentran totalmente alterados. La anarquía sexual invade las calles, donde estos personajes toman oficialmente por un día, y no en la noche, el espacio heteronormativo, y lo convierten en suyo temporalmente.

4.3. La importancia de la visibilidad en el espacio público

La importancia de ser visto y reconocido como homosexual en el espacio público radica en la negociación de las normas que se desarrollan en torno a ese espacio. Como ya hemos explicado en el primer capítulo la heterosexualización del espacio es un acto *performativo* naturalizado a través de la repetición y la regulación. Esta repetición toma la forma de muchos actos (desde parejas heterosexuales besándose y cogiéndose de la mano mientras caminan calle abajo, hasta anuncios y tablones que presentan imágenes de familias tradicionales satisfechas, etc.). Estos actos producen un montón de asunciones incrustadas en las prácticas de la vida pública sobre qué constituye el comportamiento apropiado y cuáles comportamientos cuajan con el paso del tiempo para dar la apariencia de una producción del espacio normal o propio (Valentine 146). La mejor manera de desarticular esta conceptualización del espacio es desarrollar actividades no heteronormativas en el mismo, como hemos visto en el apartado anterior. Así según van disminuyendo las represiones y los castigos hacia la población gay, las comunidades homosexuales comienzan a descubrir la importancia de ser vistos en el espacio público y sus efectos en la creación de identidades, en el reconocimiento social, etc.

Pero estas actividades ya hemos indicado que no son reconocidas a simple vista, a pesar de compartir el espacio público con actividades heteronormativas. En este sentido, el protagonista de *City of Night* vive el descubrimiento de una esfera gay, invisible para él en un principio, al mismo tiempo que va descubriendo su identidad *queer*. Recordemos que en esos días preorgullo gay (década de los 50 y los 60), la homosexualidad era todavía percibida como una perversión y enfermedad social, por lo que era mejor ser visto como un rebelde que como gay. Consciente de este estigma, el protagonista no estaba dispuesto a explorar la posibilidad de ser abiertamente homosexual, con lo que recurre a la prostitución como medio de exploración sexual sin reconocer ser homosexual.

Sin embargo, a lo largo de su exploración por las ciudades estadounidenses, Rechy comienza a descubrir una esfera abiertamente gay. Castillo relata la primera vez que Rechy descubre este mundo durante un servicio militar en Francia: "That evening in Paris was the first time in his life that he was overtly and powerfully aware of the homosexual atmosphere, and there was no denying it was where he wanted to be" (69). Tras esta breve experiencia Rechy es consciente de la existencia de una esfera gay, y decide explorarla. Después de pasar una breve estancia en su ciudad natal decide dirigirse a Nueva York con el propósito de indagar un poco más en este nuevo mundo para él. Nueva York le cautivó por sus calles y la variedad de personajes que como él eran marginados sociales de diversa índole: vagabundos, prostitutas, yonquis, etc. Estos se mezclaban con individuos normativos, formando un crisol de identidades que a Rechy le fascinaba. De esta forma, Rechy identifica un vasto escenario en el que lo marginal y lo normativo comparten un espacio, y además de sentirse en casa, decide contarle al mundo lo que se escapa al ojo normativo. En *City of Night* Rechy narra su llegada a Nueva York y el área de prostitución en el que se mueve. El autor trata de delimitar espacialmente este nuevo mundo, esta "área de perversión" en la que él se siente vivo:

> That world of Times Square that I inhabited extends from 42nd Street to about 45th Street, from grimy Eight Avenue to Bryant Park-where nightly, shadows cling the ledges: male hungry looks hidden by the darkness of the night; and occasionally, shadowy figures, first speaking briefly, disappear in pairs behind the statue with its back to the library and come out after a few frantic moments, from opposite directions: intimate nameless strangers joined for one gasping brief space of time. Periodically the newyork cop comes by meanly swinging his stick superiorly, sometimes flashing his light toward the bushes- and the shadows scatter from the ledges, the benches, the trees-walking away aimlessly. / But that world exists not only along the streets; it extends into the movie theaters. And the moviehouse toilets on 42nd Street and the toilets in the subways-with the pleading scrawled messages- from the boiling subterranean world of Times Square (Rechy, *City of Night* 30-31).

En este primer momento, Rechy trata de identificar este espacio situado en la ciudad de Nueva York como el origen y entorno habitual para este tipo de relaciones sociales, para este mundo, oculto en las sombras de las sexualidades normativas, pero visible a identidades *queer*. Más adelante descubrirá que este mundo, como él mismo indica al comienzo de su novela, abarca todo América, como una vasta ciudad de la noche (Rechy, *City of Night* 9).

El descubrimiento de este nuevo mundo, oculto para las identidades normativas, pero visible para aquellos que las quieren o saben ver, va de la mano del descubrimiento, o más bien de la confirmación para el autor de su sexualidad disidente. Este momento no es un completo alivio para el joven, sino una complicación, ya que dada la discriminación y prejuicios concebidos sobre la homosexualidad, Rechy no quiere formar parte de ella:

> Suddenly he understood: The emotions he had struggled with all o his life-the loneliness, the isolation, ªnd the fear-seemed to have an explanation. He had a name

for it now; dare he think it? Naming it would not make it any less threatening, and he still didn't have the slightest idea how he would deal with it. The walls he had spent his lifetime putting up were too strong now to be brought down by a one-time near-miss with an attractive Frenchman. The notion of consensual sex with another man was unthinkable. He wanted it, yes, but he couldn't accept it himself. Not yet. If male-to-male sex was inevitable for him, Rechy was going to have to find a different way to express it (Castillo 70).

A pesar del rechazo que le produce, Rechy no puede alejarse completamente de este mundo. Al regresar del ejército por la muerte de su padre, nuestro autor se da cuenta de que su incipiente sexualidad no podría tener cabida en su represiva ciudad natal, y por eso, tras una breve estancia se dirigió a una ciudad que prometía ser más permisiva, Nueva York. Este primer momento en *City of Night* yuxtapone la ignorancia del protagonista de una esfera gay en El Paso con la ignorancia de su propia identidad, que aunque la sospecha, es incapaz de admitir y abrazar abiertamente. Igual que el hecho de que no reconozca su identidad *queer* no quiere decir que no esté latente, el que no reconozca una esfera gay en El Paso tampoco es indicador de que no la hubiera. De hecho, en las siguientes visitas que realiza a El Paso, el protagonista va a ir encontrándose en situaciones antes irreconocibles para él. El propio Rechy confiesa a Castillo la noción de estos cambios: "This time, however, he was instantly struck by the changes-in himself and the city. Everything was different now-smaller, less interesting" (91). Y en ese descubrimiento el protagonista narra cómo por primera vez se permitió ser recogido en su ciudad natal para un encuentro sexual:

> I went to a movie theater in South El Paso-resolved, that night, to slaughter those seducing memories in this way:
> The man followed me to the head, propositioned me there. I pretended I was a transient, reverting to the poses learned in New York. I told him I needed money. He agreed. In a parked car, in a dark section of this childhood city, I made it.
> Crushing into my pocket the ten-dollar bill he had given me: rather than feeling liberated as I had expected, I felt scorching horrendous guilt. And I knew that no matter how long I would be in El Paso, I would never again allow that other life if New York to touch me here (Rechy, *City of Night* 83).

Promesa que nunca cumplió, ya que durante la novela Rechy narra varios incidentes como este de regreso a El Paso. Castillo explica además como en una de las visitas de Rechy a su madre decidió ir a la plaza de San Jacinto, que era un área de prostitución en El Paso. Rechy explica en su entrevista cómo en esa plaza su profesor de matemáticas de su niñez trató de recogerlo con intenciones sexuales, sin reconocerlo.

Y es que la visibilidad en el espacio público es importante para la cultura gay, no solo para romper con las normas heterosexuales, sino también para generar un sentimiento de autoreconocimiento. Así como Rechy comenzó a identificar espacios no heteronormativos a la vez que comienza a considerar seriamente su homosexualidad, los deseos y la forma de ser de los homosexuales puede reestructurar el espacio de muchas maneras diferentes: a través de la vestimenta, comportamientos o significados sutiles de la identidad homosexual. De acuerdo con Valentine "la vestimenta y el lenguaje corporal ayuda a las lesbianas a identificarse unas a otras, a reconocer un sentido de igualdad" (150), y lo mismo sucede con el resto de las sexualidades marginales. Rechy era consciente de ello y relata a Castillo un incidente que decidió no plasmar en *City of Night* "Una vez Pete estaba caminando por la calle de Broadway conmigo, y había una cola delante de la taquilla de un cine; varios hombres nos miraron. Pete me dijo, '¿Crees que nos miran porque lo saben?' No entendía exactamente lo que quería decir y tampoco le pregunté. ¿'Saben' que éramos prostitutos? ¿O 'saben'-o sospechan que éramos pareja?" (Castillo 87). De uno u otro modo, el hecho de ir los dos juntos significa, por lo menos para Pete, que ambos pueden ser reconocidos como homosexuales en el espacio público.

Sea como fuere, la visibilidad de la subcultura gay no dejaba de ser un riesgo en aquel período de represión. Rechy centra gran parte de su novela en las *drag queens*, quienes al ser más visibles en el espacio público eran víctimas fáciles de aquella represión. En los años cincuenta Rechy presenció muchas persecuciones entre la policía y las *drag queens*. El peligro se presentaba en las calles, los clubs y los *after-hour*. Rechy mismo narra cómo él fue víctima de esta represión, e incluso llegó a ir a juicio por conducta inmoral en la vía pública (Castillo 205-209). En el capítulo titulado "Miss Destiny: The Fabulous Wedding" el protagonista conoce por primera vez a la *drag*, y enseguida Miss Destiny hace referencia a las redadas antivicio, y como fue víctima de una de ellas por ir vestido de mujer:

> "Im Miss Destiny, dear-and let me hasten to tell you before you hear it wrong from othuh sources that I am famous even in Los gay Angeles – why, I went to this straight party in High Drag (and I mean *High*, honey – gown, stockings, ostrich plumes in my flaming rair), and –"
>
> "An you know who she was dancing with" Chuck interrupted.
>
> "The Vice, my dear," Miss Destiny said flatly, glowering at Chuck.
>
> "An she was busted, man – for ah mas – mask –…"
>
> "Masquerading, dear…But how was I to know the repressed queer was the vice sqad – tell me?…" And she goes on breathlessly conjuring up the Extravagant Scene…
>
> *(Oh shes dancing like Cinderella at the magic ball in this Other World shes longingly invading and her prince-charming turns out to be: the vice squad. And oh Miss Destiny gathers her skirts and tries to run like in the fairytale, but the vice grabs her roughly and off she goes in a very real coach to the glasshouse, the feathers trembling now nervously.*

Miss Destiny insists she is a real woman leave her alone. (But oh, oh! How can she hide That Thing between his legs which should be there only when it is somebody else's?) … All lonesome tears and Humiliation, Miss Destiny ends up in the sex tank: a wayward Cinderella…)

"Now, honey," she says with real indignation, "I can see them bustin me for Impersonating a man –but a woman! – really!..." An you will notice that Miss Destiny like all the other swinging queens in the world considers herself every bit a Lady. (Rechy, *City of Night* 95-96)

Esta represión sexual de la sociedad tradicional creó una tensión insostenible que alcanzó su clímax en una explosión de desenfreno en la época de carnaval. Tradicionalmente el tiempo de preparación para la cuaresma cristiana, era un tiempo de recogimiento y ayuno en preparación para la Semana Santa. El día antes de comenzar el periodo de ayudo es conocido en Francia como "Mardi Gras", en referencia a los excesos de comida que se consumen antes de comenzar el ayuno. El *Mardi Gras* se ha convertido en el siglo XX en un momento de excesos, de final del carnaval y de reversión de los roles establecido. La ciudad de Nueva Orleans es famosa por esta celebración, y en ella Rechy encontró el telón de fondo ideal para los últimos capítulos de *City of Night*. Es en este momento donde la exhibición pública de las sexualidades marginales toma las calles, a plena luz del día, y refleja la variedad sexual del ser humano, revirtiendo las normas sociales –sin represión– completamente por un solo día.

4.4. El binarismo maniqueo entre lo masculino y lo femenino

El último aspecto para desarticular la herencia colonial es la radical división entre lo masculino y lo femenino, y las ocupaciones de cada uno de ellos. Ya hemos argumentado en el primer capítulo la problemática de dicho binarismo, y cómo hay identidades que van más allá de esta división. La novela de Rechy contribuye a dicha problematización de las categorías masculina y femenina y descoloniza así esta dualidad genérica socialmente construida, al observar y describir las diferentes identidades de la subcultura gay que no encajan en esta clasificación.

El ejemplo más claro en *City of Night* lo protagonizan las *drag queens*, personajes femeninos atrapados en cuerpos de hombre, cuya identidad normativa debe ser masculina, y al no serlo viven perseguidas en la sociedad de los años cincuenta y sesenta. Estos complejos personajes contribuyen en cierta forma a la dualidad masculino/femenino si consideramos que son féminas atrapadas en cuerpos masculinos. Sin embargo, como veremos más adelante, hay otros personajes, como el propio protagonista, cuya identidad es masculina, pero su deseo sexual rompe con la norma masculina. Estos personajes aportan un elemento nuevo al desarrollo del concepto de identidad sexual, que no sigue la norma masculina ni femenina.

Como hemos explicado con anterioridad, el hecho de que estas identidades no sean representadas en el espacio como parte de la sociedad crea una crisis de identidad en los sujetos que deben identificarse con uno u otro bando según las normas sociales. De acuerdo con D'Emilio los individuos desarrollaban su identidad a partir de su participación en familias tradicionales donde aprendían un "patrón socialmente predeterminado" para las relaciones humanas:

> Raised in families as virtually all Americans were, men and women unquestioningly accepted as "natural" a system of social roles "which equates male, masculine, man ONLY with husband and Father...and which equates female, feminine, woman ONLY with wife and Mother." Rigid though these definitions of gender were, they did nonetheless generate what the founders called "an adequate sense of value," appropriate to guide the lives of heterosexuals. Homosexuals, however, "did not fit the patterns of heterosexual love, marriage, children, etc., upon which dominant culture rests." But with no socially approved models for their life-style, homosexuals "mechanically superimposed the heterosexual ethic" on their own situation "in empty imitation of dominant patterns" (D'Emilio 65).

Por esta premisa colonial, ha sido históricamente asumido que las personas homosexuales tienen identidades genéricas intercambiadas, de tal forma que los hombres gais se presuponen afeminados, mientras que las mujeres lesbianas se entienden como marimachos. La misma malinterpretación lleva a deducir que los hombres afeminados y las mujeres más masculinas eran homosexuales, a pesar de una gran evidencia de lo contrario. Debemos de ser conscientes de que hay mujeres lesbianas que son la personificación de la feminidad, al igual que muchos heterosexuales no son muy masculinos (los hombres) o muy femeninas (las mujeres) (Valentine 147). Sin embargo, estos estereotipos de lo masculino, lo femenino y lo homosexual se reproduce en el imaginario social, contribuyendo a la creación de un espacio heteronormativo. Según Valentine: "Thus repetitive performances of hegemonic asymmetrical gender identities, like repetitive performances of heterosexualities, also produce a host of assumptions about what constitutes 'proper' behavior/dress in everyday spaces which congeal over time to produce the appearance of 'proper', i. e. heterosexual, space" (147).

Esta imitación de los patrones dominantes se desarrolla en dos vertientes: por un lado, la imitación de hombres y mujeres de los roles establecidos socialmente para ellos (hombre-padre, mujer-madre); por otro lado, la imitación de los roles opuestos, como es el caso de las mentadas *drag queens*. Siguiendo estas dos tendencias, *City of*

Night nos presenta una serie de personajes que se pueden identificar en ambas vertientes. En este espectro de identidades *queer* se establece una jerarquía, en la que la imitación a la norma, al patrón dominante es la tónica. De esta forma podemos clasificar los personajes en dicha jerarquía, comenzando por las *drags*, pasando por los hombres que atienden a los prostitutos para satisfacer sus gustos sexuales y terminando con los jóvenes prostitutos que encubren su homosexualidad en sexo por dinero.

En un primer plano se encuentran las *drag queens*, que se presentan como mujeres atrapadas en cuerpos de hombre, cuya máxima aspiración es ser identificadas como mujeres y poder desarrollar su papel como tales. El ejemplo más destacado es el de la drag por antonomasia en la novela, Miss Destiny. El mayor contacto de Rechy con las *drag queens* fue en su etapa en Los Ángeles, y así lo recoge en la novela. Pershing Square, como Times Square, reunía un asombroso y bizarro grupo de habitantes. Predicadores mezclados libremente con borrachos, chicas duras, y prostitutos transitorios y por supuesto, los *drag queens*—vestidos tan femeninos como pudieran ir en público. Entre ellos, Miss Destiny. Ella se pasaba el día soñando con el día en el que cumpliría su mayor ambición: ser una novia preciosa en su fabulosa boda: "But do you know, baby, that I have never been Really Married? I mean in White, coming down a Winding Staircase…And I will! I will fall in love again soon – I can feel it- and when I do, I will have my Fabulous Wedding, in a pearlwhite gown" (Rechy, City of Night 109). Este deseo de protagonizar uno de los rituales más convencionales de la cultura heterosexual refleja el deseo de invertir los roles de género, imitando los patrones destinados al sexo femenino. Su obsesión con parecer realmente una mujer se revela en su comportamiento y conversaciones a lo largo del capítulo: "'Baby' she said abruptly, unexpectedly moodily, 'don't you think I look real?' And before anyone can answer, possibly afraid of the answer, she went on hurriedly, 'Oh, but you should have seen me when I first came out" (105). Este comportamiento es común en las *drag queens* de la novela: Trudi, Darling Dolly Dane, Pauline and Lola, de quienes los prostitutos y machos se aprovechaban a menudo. Miss Destiny es, además de *drag*, un joven travesti cuyo papel es desarrollado plenamente por Rechy. Su actitud elegante contrasta con el entorno soez en el que se mueve, y se presenta quizá como uno de los personajes más oprimidos por la sociedad del momento ya que, por ley, no le está permitido siquiera vestir ropas de mujer. Sin embargo, es un personaje valiente, ya que está en constante desafío de la sociedad y sus leyes. A pesar de esto, su historia termina al igual que la de los demás personajes de una manera solitaria, con la sensación de que el destino le jugó una mala pasada. Sin embargo, las *queens* no son las únicas que revierten los roles de género en la novela. En los primeros capítulos, el protagonista es recogido junto con Pete por un hombre cuyo fetiche es realizar labores de madre. Rechy describe cómo este hombre viejo y afeminado tenía el particular vicio de hacer de la madre de los dos jóvenes en un juego bizarro. En el libro, Pete y el protagonista sin nombre toman el metro hasta Queens, al pequeño apartamento del hombre donde él les cocinaba la cena, los vigilaba mientras tomaban una siesta, y los observaba mientras jugaban a las damas desnudos (42-44). Este interés por desarrollar las funciones de madre es otro de los patrones de comportamiento que revierte los roles de género en la novela.

Imagen 4. Miss Destiny.
Fuente: adaptado de *Queer Music Heritage* [Fotografía],
por *One, The Homosexual Viewpoint*, 1964. CC0

En segundo lugar, estarían los hombres que visitan momentáneamente estos espacios en busca de sexo casual con jóvenes, mientras llevan una vida heterosexual, la mayoría casados y con hijos. El narrador no enfoca su relato en ninguno de ellos, pero los menciona esporádicamente como aquellos hombres que pagan por sexo esporádico.

Finalmente encontramos a los jóvenes, que se prostituyen por 5 dólares, más o menos, que se niegan a aceptar su identidad *queer*, y que necesitan reforzar su virilidad de vez en cuando con alguna mujer Este es el caso de Pete y otros prostitutos que tienen sexo con hombres por dinero, pero de vez en cuando van con mujeres para reafirmar su masculinidad. Pete es otro de los personajes en los que el narrador se detiene para capturar en su narración. Este personaje representa a toda una generación de jóvenes perdidos en una sociedad heteronormativa. Como otros prostitutos, Pete siente la necesidad de presentarse como un tipo duro, heterosexual. Esta necesidad de disfrazar su identidad homosexual se alinea con la del protagonista, con quien tras pasar una noche de acercamiento afectuoso siente la necesidad de no volverse a ver. La falta de seguridad, de representación y de identidades con las que identificarse hace que estos personajes tengan la necesidad de identificarse como mujeres o como hombres, adoptando patrones y comportamientos socialmente asociados a estas identidades.

De una forma u otra, el reparto de personajes que ocupan las páginas de *City of Night* están atormentados por la dualidad radical entre lo masculino y lo femenino, que no deja cabida a otras identidades sexuales propias del ser humano. Estos personajes no tienen más opción que identificarse con uno u otro patrón de comportamiento y desarrollarlo como parte de su identidad. *City of Night* es una extensa novela con abundantes ejemplos de personajes reales que en su día a día sobreviven y negocian su identidad dentro de una sociedad heteronormativa en la que no se sienten identificados ni representados. La lucha constante del protagonista por no ser parte de estas identidades disidentes es el ejemplo más claro de la negatividad asociada a las sexualidades no hetero, y su consecuente marginalización social en el espacio. La forma en la que dicha marginalización se refleja en el espacio (la represión de su ocupación de espacios públicos, las redadas en los bares gay, etc.) es una representación de la realidad urbana en muchas de las ciudades estadounidenses del siglo XX. Sin embargo, la continua aparición de estas identidades en el espacio público dio origen a una mayor visibilidad de la sexualidad gay, creando una subcultura que dio origen a la organización político y social de estas identidades.

Podemos concluir entonces que el concepto de homosexualidad es una construcción social creada a partir de las premisas religiosas de la Edad Media e incorporadas en la sociedad americana durante la colonización y plasmadas en el espacio a través de su organización. Es por esto que todas las actividades desarrolladas en el espacio público destinadas a desarticular la heteronormatividad construida, y recogidas en la obra de Rechy, pueden considerarse parte de esta descolonización de la sexualidad.

CAPÍTULO V
Conclusiones

CAPÍTULO V   CONCLUSIONES

A través de este análisis se ha comprobado que el concepto de sexualidad no es estático, fijo o invariable en el ser humano. El concepto de sexualidad es socialmente construido, y por eso depende del contexto social e ideológico en el que se desarrolle. El imaginario desarrollado en torno a la homosexualidad en las culturas europeas, e instaurado en sus colonias, está fuertemente influenciado por una ideología religiosa que excluye las sexualidades que no responden al patrón heterosexual. Es por esto que actualmente hemos heredado una cultura heteronormativa y homofóbica. Los trabajos aquí presentados son un ejercicio de negociación por parte de las minorías sexuales para una mayor aceptación en este terreno.

En la actualidad podemos hablar de una mayor aceptación de la homosexualidad, a partir de la legalización del matrimonio gay, la exposición de sexualidades marginales en los medios de comunicación, y otros derechos y formas de representación social. La homosexualidad es hoy en día un aspecto expuesto a la sociedad, público. Ya no es el tema tabú que comenzó siendo en la Edad Media y que se mantuvo hasta ya entrado el siglo XX. Sin embargo, esta apertura no habría sido posible sin la negociación constante de las sexualidades no hetero en el espacio público a lo largo de la historia. Esta negociación social se materializa en una conciencia y organización gay a partir de los años sesenta y setenta, y es entonces cuando obras como las aquí analizadas cobran relevancia en el panorama literario. Estas obras contribuyen a la concientización social de la existencia de estas sexualidades, así como a un mayor entendimiento de ellas. Lo que autores como Anzaldúa, Moraga y Rechy consiguen con estos trabajos es abrir un espacio para las generaciones futuras donde la discriminación sexual no sea tan feroz como la que ellos sufrieron. De una forma u otra, ya sea volviendo la vista a las culturas nativo-americanas, o penetrando en los entresijos urbanos de la cultura eurocentrista, estas obras literarias abogan por una sociedad más inclusiva para la juventud.

Anzaldúa recurre al indigenismo para negociar su identidad dentro de una sociedad opresora. Como hemos visto, el indigenismo chicano parte de un carácter anticolonialista y antiimperialista para descolonizar varios conceptos sociales establecidos, no solo la heteronormatividad. Por un lado, el indigenismo temprano pretende desarticular la discriminación racial y económica de la población méxico-americana. Por otro lado, las feministas chicanas – además de continuar el proyecto inicial- pretenden descolonizar los conceptos de género y sexualidad que les han sido impuestos. El indigenismo de Anzaldúa recupera y reformula varios conceptos indígenas para negociar su identidad homosexual. A través de la espiritualidad indígena pretende valorar conceptos de escasa relevancia en la sociedad eurocentrista, como el conocimiento, la conexión con la tierra y el cosmos. Ligado a este aspecto recupera también a las diosas aztecas, Coatlicue especialmente, como parte de su espiritualidad, a la vez que funciona como herramienta descolonizadora de la opresión sexual y de género de la cultura chicana.

Moraga retoma el legado indigenista de forma similar a Anzaldúa. La obra de Moraga se enfoca en la desarticulación de conceptos coloniales como el patriarcado, la familia, la sexualidad, el papel de la mujer en la sociedad, e incluso su rol como autora. A través de principios tomados de diferentes culturas nativo-americanas, Moraga reclama un indigenismo que incorpora un mejor papel de la mujer y la población *queer* a la sociedad contemporánea. Dicha alternativa es subjetiva a la identidad de la autora como mujer, lesbiana y chicana.

La obra de Rechy, por otro lado, negocia la identidad homosexual sin mirar a otras culturas. Rechy indaga dentro de su propia cultura para reflejar cómo las sexualidades marginales sobreviven en la sociedad heteronormativa. Podemos decir que esta novela es principalmente sobre el espacio. Rechy recoge la forma en la que la marginalización de la homosexualidad se refleja en el espacio (la represión de su ocupación de espacios públicos, las redadas en los bares gay, etc.). A la vez, el autor refleja la continua ocupación de las sexualidades marginales del espacio público, poniendo así en evidencia la constante negociación de la identidad homosexual en el espacio público. Esta negociación con el tiempo facilitó una mayor visibilidad de la sexualidad gay, creando una subcultura que dio origen a la organización político y social de estas identidades. La descolonización de la sexualidad en la obra de Rechy se plasma en la constante negociación del espacio y de la heteronormatividad en él plasmada, así como en la representación de personajes que desarticulan el binarismo maniqueo entre lo masculino y lo femenino.

La desarticulación de la ideología patriarcal, colonizadora y heterosexista se ha mantenido hasta el surgimiento de los movimientos por los derechos civiles en los años sesenta, y continúan reflejándose en gran parte de nuestra cultura eurocentrista. Esta ideología opresora se puede analizar a varios niveles. Primero, dentro de la cultura estadounidense, y dentro de la propia cultura chicana. Segundo, dentro del ámbito literario y académico al que pertenecen estos escritores. Es por esto que las obras de estos autores tratan en primer lugar de desarticular la opresión dentro de su propio entorno cultural. Anzaldúa y Moraga son muy críticas con el movimiento chicano por su exclusión de varios sujetos e identidades en sus comienzos. El hecho de escribir acerca de otras inquietudes chicanas que se alejan del propósito inicial del movimiento les llevó a ser repudiadas dentro de su propia cultura. Rechy, pese a ser anterior al Movimiento Chicano, fue también relegado de la tradición literaria chicana, y no es hasta recientemente que se ha empezado a explorar y considerar su identidad como parte del corpus chicano. Esta inmersión de nuevos aspectos identitarios a tener en cuenta dentro de la identidad chicana es problemática todavía hoy en día para algunos académicos, que consideran los escritos de autores como los aquí presentados de escasa relevancia académica. Sin embargo, la importancia y el futuro de la literatura chicana radican precisamente en el interés no solo de su pasado, sino también de su presente y de la complejidad identitaria que compone "lo chicano".

Igualmente, dicha desarticulación se refleja en diversos ejes identitarios: raza, género y sexualidad. Como ya hemos mencionado el estudio de obras como estas se han encaminado en las últimas décadas -dentro de los estudios culturales y la literatura chicana- al análisis de la intersección de todos estos ejes. Sin embargo, es importante profundizar en cada uno de estos ejes individualmente, sin obviar por supuesto la relación entre unos y otros. Es por esto que el presente trabajo se ha centrado en la identidad sexual de los sujetos, conectando en muchos de los casos con la identidad de género o raza.

Para futuras investigaciones queda abierta la puerta a tres ámbitos principales. En primer lugar, se puede continuar elaborando la descolonización de la identidad en otros componentes identitarios de los individuos, como son el género, la raza e incluso en estatus social y su percepción cultural. Este estudio podría realizarse de dos maneras diferentes. Por un lado, continuando la investigación de estas mismas obras aquí presentadas, pero enfocándonos en los aspectos indicados. Por otro lado, recurriendo a otras de las numerosas obras publicadas por estos autores como *Light in the Dark* (2015) de Anzaldúa, *The Hungry Woman* (2001) de Moraga y *Numbers* (1967) Rechy, donde quizá los aspectos de género, raza o estatus social sean más relevantes.

En segundo lugar, se puede continuar desarrollando el análisis de la descolonización de la sexualidad a través del espacio en las propias Anzaldúa y Moraga, así como otros de los aspectos aquí analizados en otras obras chicanas como *The Mixquiahuala Letters* (1986) de Ana Castillo, poniendo el enfoque en la relación entre Teresa y Alicia, dos mujeres independientes a través de cuyas cartas se puede examinar diferentes formas de amor, conflictos de género y la amistad entre mujeres; *Sor Juana's Second Dream* (1999) de Alicia Gaspar de Alba, donde la joven criolla toma la decisión de entrar en el seminario no por vocación, sino por rechazo al papel de mujer y madre que se le otorgaba en aquella sociedad; o en narrativas más actuales los relatos incluidos en *Painting Their Portraits in Winter: Stories* (2015) de Myriam Gurba.

Sea como fuere, este proyecto une las disciplinas académicas de antropología, los estudios nativo-americanos, la literatura chicana, la teoría *queer* y la teoría urbana para aportar una nueva visión de la sexualidad, más inclusiva y negociadora del espacio heteronormativo. En este aspecto, la literatura biográfica de estos autores funciona como motor de cambio de una sociedad prescriptivista hacia una más inclusiva y consciente de las identidades que la ocupan. En lugar de basarnos en la observación del comportamiento humano con respecto a la sexualidad y desarrollar normas en torno a este —como se ha hecho en otras culturas- nuestra sociedad desarrolla dichas normas a partir de los intereses hegemónicos del momento. Por lo tanto, a través de la descolonización de la sexualidad podemos ver que otro tipo de organización social, más inclusiva, sí es posible.

REFERENCIAS

REFERENCIAS

REFERENCIAS

Alberti, Leon Battista. *On the Art of Building in Ten Books.* MIT Press, 1988.

Aldama, Arturo J., y Naomi H. Quiñónez, editores. *Decolonial Voices: Chicana and Chicano Cultural Studies in the Twenty-First Century.* Indiana University Press, 2002.

Alurista, and Judith Hernandez. *Nationchild Plumaroja.* Toltecas en Aztlán, Centro Cultural de La Raza, 1972.

---. *Floricanto En Aztlán: Poetry.* Chicano Studies Center, University of California, 1971.

Anaya, Rudolfo. *Bless Me Ultima: A novel.* TQS Publications, 1972.

Anzaldúa, Gloria. *Borderlands/La Frontera: The New Mestiza.* Third Edition. Spinsters/Aunt Lute, 2007.

Anzaldúa, Gloria y Ana Louise Keating. *This Bridge We Call Home: Radical Visions for Transformation.* Routledge, 2002.

---. *The Gloria Anzaldúa Reader.* Duke University Press, 2009.

Bhabha, Homi. *The Location of Culture.* Routledge, 1994.

Bonfil-Batalla, Guillermo y Philip Adams Dennis. *México Profundo: Reclaiming a Civilization.* University of Texas Press, 1996.

Broyles-González, Yolanda y Pilulaw Khus. *Earth Wisdom:A California Chumash Woman.* University of Arizona Press, 2011.

Bruce-Novoa, Juan. "Homosexuality and the Chicano novel". *Confluencia*, vol. 2, no. 1, Fall 1986, pp. 69-77.

Butler, Judith. *Gender Trouble: Feminism and the Subversion of Identity.* Routledge, 1990.

Castillo, Charles. *Outlaw: The Lives and Careers of John Rechy.* Advocate Books, 2002.

Colomina, Beatriz. *Sexuality and Space.* Princeton Architectural Press, 1992.

Contreras, Sheila Marie. *Blood lines: Myth, Indigenism, and Chicana/o Literature.* University of Texas Press, 2008.

Cromwell, Jason. "Traditios of gender diversity and sexualities: a female to male transgendered perspective". *Two Spirit People*, editado por Sue Ellen Jacobs, Wesley Thomas, Sabine Lang. University of Illinois Press, 1997.

De Benavente, Fray Toribio. *Historia de los indios de la Nueva España.* Historia 16, 1985.

D'Emilio, John. *Sexual Politics, Sexual Communities: The Making of a Homosexual Minority in the United States, 1940-1970*. University of Chicago Press, 1998.

Duncan, Nancy. "Renegotiating Gender and Sexuality in Public and Private Spaces". *Bodyspace: Destabilizing Geographies of Gender and Sexuality*, editado por Nancy Duncan. Routledge, 1996.

"El Plan Espiritual de Aztlán". *Testimonio: A Documentary History of the Mexican American Struggle for Civil Rights*, editado por Francisco Arturo Rosales. Arte Público Press, 2000.

Fanon, Fran. *Black Skin, White Masks*. Pluto, 1986.

Fernández de Oviedo, Gonzalo. *Sumario de la natural historia de las Indias*. Historia 16, 1986.

Font, Pedro y Julio Montané-Martí. *Fray Pedro Font Diario Íntimo y Diario de Fray Tomás Eixarch*. Universidad de Sonora, 2000.

Forbes, Jack. *Aztecas del Norte: The Chicanos of Aztlán*. Fawcett Publications, 1973.

Foster, David W. *El Ambiente Nuestro: Chicano/Latino Homoerotic Writing*. Bilingual Press/Editorial Bilingüe, 2006.

Foucault, Michel. *The History of Sexuality*. Pantheon Books, 1978.

Gonzales, Rodolfo. "I am Joaquín. Yo soy Joaquín; an epic poem". Bantam Books, 1972.

Gunn Allen, Paula. "Who is your mother? The Roots of White Feminism". *The sacred hoop: recovering the feminine in American Indian traditions*. Beacon Press, 1992.

Keating, Ana Louise. *Entre Mundos/Among Worlds: New Perspectives on Gloria E. Anzaldúa*. Palgrave Macmillan, 2005.

Keating, Analouise y Gloria González-López, editores. *Bridging: How Gloria Anzaldúa's Life and Work Transformed Our Own*. University of Texas Press, 2011.

Lang, Sabine. *Men as Women, Women as Men: Changing Gender in Native American Cultures*. University of Texas Press, 1998.

---. "Various kind of two spirit people". *Two Spirit People*, editado por Sue Ellen Jacobs, Wesley Thomas, Sabine Lang. University of Illinois Press, 1997.

Leal, Luis. *A Luis Leal reader*. Ilan Stavans editor. Northwestern University Press, 2007.

León-Portilla, Miguel. *Aztec Thought and Culture: A Study of the Ancient Nahuatl Mind*. University of Oklahoma Press, 1963.

Mitchell, Don. *Cultural Geography: A Critical Introduction*. Blackwell Publishers, 2000.

Moraga, Cherrie. "Queer Aztlan: The Re-formation of Chicano Tribe". *Latino/a Thought: Culture, Politics, and Society*. Rowman & Littlefield, 2003, pp. 258-73.

---. *Waiting in the Wings: Portrait of a Queer Motherhood*. Firebrand Books, 1997.

---. *The Last Generation: Prose and Poetry*. South End Press, 1993. Muñoz, José Esteban. *Disidentifications: Queers of Color and the Performance of Politics*. University of Minnesota Press, 1999.

Núñez Cabeza de Vaca, Alvar. *Naufragios*. Elaleph.com, 2000.

Peat, F. David. *Lighting the Seventh Fire: The Spiritual Ways, Healing, and Science of the Native American*. Carol Pub. Group, 1994.

Pérez, Emma. *The Decolonial Imaginary: Writing Chicanas into History*. Indiana University Press, 1999.

Pérez, Laura Elisa. *Chicana Art: The Politics of Spiritual and Aesthetic Altarities*. Duke University Press, 2007.

Pratt, Mary Louise. *Imperial Eyes: Travel Writing and Transculturation*. Routledge, 1992. Print.

Queer Music. *Female Impersonation Galleries. Miss Destiny*.

Quirós Leiva, Dennis O. "Indios, sodomitas y demoniacos: Sumario de la Natural Historia de la Indias de Gonzalo Fernández de Oviedo". *Cuadernos Inter.c.a.mbio Sobre Centroamérica y el Caribe*. Universidad de Costa Rica, no. 2, 2003.

Rechy, John. *The Sexual Outlaw: A Documentary*. Grove Press, 1977. Print.

---. *City of Night*. Grove Press, 1963.

Rubin, Gayle. "Thinking Sex: Notes for a Radical Theory of the Politics of Sexuality". *Pleasure and Danger: Exploring Female Sexuality*, editado por Carole S. Vance. Routledge and Kegan Paul, 1984.

Rendón, Armando B. *Chicano Manifesto*. Macmillan, 1971.

Roscoe, Will. *The Zuni-Man Woman*. University of New Mexico Press, 1991.

Sahagún, Fray Bernardino. *Historia General de las cosas de la Nueva España. Códice Florentino*. Library of Congress, 1577.

Sandoval, Chela. *Methodology of the oppressed*. University of Minnesota Press, 2000.

Schmidt, Robert y Barbara Voss. *Archeologies of sexuality*. Routledge, 2000.

Smith, Andrea. "Queer Theory and Native Studies: The Hetronormativity of Settler Colonialism". *GLQ: A Journal of Lesbian and Gay Studies*, vol. 16, no. 1-2, 2010, pp. 42-68.

Smithsonian Institution: National Anthropological Archives. *We-wha or We-wha, weaving*. Straile-Costa, Paula. "Redeeming Acts: Religious Performance and Indigenismo in Cherríe Moraga's Feminist Revision of Chicano Activist Theater." *American@*, vol. III, no. 2, 3. 2005.

Sigal, Peter Herman. *The Flower and the Scorpion: Sexuality and Ritual in Early Nahua Culture*. Duke University Press, 2011.

"The Coatlicue State Writing Exercise: Self-reflection, Narrative Inquiry, & Healing". *Río Hondo College - Division of Behavioral & Social Sciences*, 2015

Thomas, Wesley. "Navajo Cultural Construction of Genders and Sexualiy". *Two Spirit People,* editado por Sue Ellen Jacobs, Wesley Thomas, Sabine Lang. University of Illinois Press, 1997.

Tohe, Laura. "There is No Word for Feminism in My Language". *Wicazo Sa Review,* vol. 15, no. 2, 2000, pp. 103-110.

Tuhihuai Smith, Linda. *Decolonizing Methodologies.* St. Martin's Press, 1999. Print.

Valentine, Gill. "(Re) Negotiating the 'Heterosexual Street': Lesbian Production of Space". *Bodyspace: Destabilizing Geographies of Gender and Sexuality,* editado por Nancy Duncan. Routledge, 1996.

Voss, Barbara L. "Colonial Sex: Archeology, Structured Space, and Sexuality in Alta California's Spanish-Colonial Missions". *Archeologies of Sexuality,* editado por Robert A. Schmidt and Barbara L. Voss. Routledge. 2000. 35-61.

Warner, Michael. *Fear of a Queer Planet: Queer Politics and Social Theory.* University of Minnesota Press, 1993.

Wiesner, Marry E. *Christianity and sexuality in the early modern world: regulating desire, reforming practice.* Routledge, 2000.

Wigley, Mark. "Untitled: A Housing of Gender". *Sexuality and Space,* editado por Beatriz Colomina. Princeton Architectural Press, 1992.

Williams, Walter L. *The Spirit and the Flesh: Sexual Diversity in American Indian Culture.* Beacon Press, 1986.

Yarbro-Bejarano, Yvonne. *The Wounded Heart: Writing on Cherríe Moraga.* University of Texas Press, 2001.

NOTAS AL CAPÍTULO III

[1] Término anglosajón que se utiliza para referir a la comunidad LGBT y a todas las sexualidades que no se definen como hetero.

[2] Sabine Lang recoge el concepto de Two Spirit People en su artículo "Various kind of two spirit people". Este concepto ha sido acuñado por las comunidades gay y lesbianas urbanas actuales como término auto definitorio para su estado nativo americano y homosexual.